中国韧性

宋清辉　著

中国科学技术出版社

·北 京·

图书在版编目（CIP）数据

中国韧性 / 宋清辉著 . — 北京：中国科学技术出
版社，2024.6
ISBN 978–7–5236–0679–7

Ⅰ . ①中… Ⅱ . ①宋… Ⅲ . ①中国经济—经济发展—
研究 Ⅳ . ① F124

中国国家版本馆 CIP 数据核字（2024）第 088284 号

策划编辑	杜凡如		**责任编辑**	贾　佳
封面设计	潜龙大有		**版式设计**	蚂蚁设计
责任校对	张晓莉		**责任印制**	李晓霖

出　　版	中国科学技术出版社
发　　行	中国科学技术出版社有限公司
地　　址	北京市海淀区中关村南大街 16 号
邮　　编	100081
发行电话	010–62173865
传　　真	010–62173081
网　　址	http://www.cspbooks.com.cn

开　　本	880mm×1230mm　1/32
字　　数	100 千字
印　　张	5.5
版　　次	2024 年 6 月第 1 版
印　　次	2024 年 6 月第 1 次印刷
印　　刷	大厂回族自治县彩虹印刷有限公司
书　　号	ISBN 978–7–5236–0679–7 / F·1247
定　　价	69.00 元

自序

我是中国式现代化的绝对受益者。

没有中国式现代化，就没有我如今在市场上的"一席之地"。我这样说，事实上一点也不夸张。中国式现代化以实现人自由而全面的发展为最终目标，其成果正在持续惠及全体民众，为人民带来安全感、获得感、幸福感。为中国式现代化建设贡献力量，是我们应该努力去做的一件最重要的事情。

2004 年冬天，我拉着一个破旧的拉杆箱，疾步走进北京大学。在北京大学 36 号楼 506 室，我卸下沉重的行囊，径直去了居鸣鹤园、镜春园之北，万泉河之南的朗润园。我和动身之前就已经联系好的一位前来北京大学进修的老教授同宿一室，以节约宝贵的生活、学习费用。

在北京大学自主学习期间，我经常流连于此，为自己实现"北大梦"感到兴奋不已。朗润园位置极佳，北与圆明园相对而望，南与未名湖相呼应。其承载的历史沧桑与文化意蕴，令人回味不尽。1952 年，朗润园随燕京大学一起并入北京大学。1994 年，由林毅夫、张维迎、海闻等人创办的北京大学中国经济研究中心（简称"CCER"）在朗润园的东所成立，致力于为中国经济改革和发展、现代经济学理论的研究作出贡献。

因热爱而执着，因梦想而坚持。

2004 年冬天，对我来说是一个收获的季节。这期间我结识了厉以宁、张维迎、曹凤岐、周其仁、张彦以及卢雍政等师长，他们对我后来的学习生活，给予了无私的指导和热情的帮助。他们的寥寥数语，经常令我茅塞顿开，实现认知上的一次又一次跃迁。

那个冬天我一直在想，只要自己通过十年如一日的不懈努力，成为一名经济学家的梦想就能实现。后来，经过努力我做到了。在北大期间，我为了拓宽自己的视野，在学好经济专业课程的同时，还广泛涉猎了有关思想政治教育、世界史、社会学、考古学、心理学、材料科学与工程、计算机科学与技术等方面的课程和研究，力争做到触类旁通。

四年之后，我从北大顺利毕业。在北京短暂停留之后，经上海来到了经济特区深圳，继续为梦想而默默努力。那个时候，我在深圳举目无亲、一文不名。但是，在北大的求学和生活经历，已成为我人生之路上的一笔宝贵财富，它给了我足够的底气和自信。

我深知,"经济学家"这一称谓,是媒体及市场对我一定程度上的认可,今后我仍将以客观、公正和严谨的态度,进行经济理论研究。远离商业,回归初心,并尽自己努力去帮助和指引他人,因为每一个人有梦想的人,都值得被尊敬。

最后,感谢北大的兼容并包,自由之思想,毫不保留地接纳了我。

目录

第五章 科技创新的
内在激励

第六章 波澜壮阔的
光明前景

第一章

加强中国韧性的新思路

第一节　中国经济依然向好

预测中国经济未来的走势是一件极困难且成功概率很低的事情。

可以说，经济学家预测影响经济发生变化的事件比地震专家预测地震还难，两者都是当今的世界性难题。就如 2022 年还未开始时，我们无法预测俄乌冲突，无法预测马斯克入主了推特并大幅裁员、将其更名为 X，无法预测特拉斯成为英国任职时间最短的首相，无法预测人民币汇率会突然间出现大幅波动……

未来，中国经济具体走势会怎么样，不仅现在我无法推测，甚至到明年这个时间也无法对上一年作出完整的总结。但是，我们基于专业的经济学分析，大概率可以判断中国经济整体状况仍将向好。

很多具体的事项无法得到预测，但有三大趋势或将大概率持续。

第一是"抱团取暖"的国家和地区或会越来越多。 毕竟，近两三年来全球经济前景一直是一片迷雾，各国的单打独斗似乎都难以成气候，各国领导人这几年也频频出席各种外事活动，目的就是组建各种联盟，形成多种组织，达成多项协议，实现经济发展共赢目标。

第二是纠纷或将持续。 国与国之间既有利益又有冲突，有些冲突能够在谈判中解决，有些冲突不得不用其他形式解决；有些冲突可能短暂持续，而后就得到缓和；有些冲突则可能会影响到原油、天然气、黄金等供应，继而影响到世界经济发展格局。

第三是新冠疫情对全球经济影响仍不可小觑。 很多组织、专家等都认为，近年来世界经济不景气是因为新冠疫情导致，但事实是在疫情暴发之前，世界经济就进入了迷茫期，只是疫情使得"预期落地"。当然，现下经济已在逐步复苏中。

这也意味着，2024 年将有更多的国家和地区选择抱团，大量国家和地区将辗转多个联盟、合作协议、发展组织，以此寻找更多的发展机会。在这种过程中，国与国之间免不了因为贸易摩擦、意识形态等方面的不同，引发各种冲突而影响两国或多国经济。

与全球经济前景未知不同，人们对 2024 年的中国经济可谓是充满信心。参考以往的发展情况，中国 2024 年的经济同样谨慎乐观向上。一方面，产业结构进一步优化，农业、工业、服务业稳步发展，科技创新融入生产生活，在实现全面脱贫后农村经济发展得到进一步推动，资源得到有效整合和利用；另一方面，国家领导人的重要讲话对外发出的积极信号，以及国家政策为中国未来发展注入的实质性动力，都将积极推动产业发展、产业创新、产业人才培养，这些均将为后期中国经济持续的高质量发展打牢基础。

与综合国力竞争相似，有些西方国家为了巩固自己的国际地位，或者为了防止竞争对手超越自己，他们选择的不是加大研发投入，而是通过下各种"绊子"来阻碍其他国家实现超车式的发展。近年来，中国也经历了各种不公平的贸易壁垒、关键技术封锁等问题，这些问题在 2024 年或将依旧存在，但我们相信我们仍会采取积极的态度来应对。

第二节　中国韧性从何而来

近年来，中国经济数据基本上都呈现出持续向好的态势，例如 2021 年 GDP 的增速为 8.4%，是当时在面对新冠疫情考验和外部环境的不确定性之下取得的优异成绩。可见，在中国经济高质量发展的背景下，一些"新动能"的发力的确推动了中国综合实力的进一步增强，中国经济可谓韧性十足。相比海外众多经济体当时 GDP 的再度萎缩，人们不难推测出其衰退的原因，即对新冠疫情的重视不足和防控无力。此外，国家制度上的差异，亦是中国能够快速控制公共卫生事件、经济快速恢复的重要原因。

为人民服务还是为资本服务，这是各国执政党的最大区别。以美国为代表的西方资本主义国家，打着民主和自由的旗号命令国民为资本服务。

中国共产党自成立以来，就是以为人民服务为宗旨，通过各种方式为人民谋幸福、为民族谋复兴。"撸起袖子加油干""幸福都是奋斗出来的"都在告诉中国人民，奋斗是在为自己创造幸福。劳动人民有了强烈的归属感、能看见未来的曙光，自然会锲而不舍、奋勇直前、力求有所作为。

在中国共产党的领导下，中国人民的勤劳与创造，协力赋能中国经济，推动中国在一次又一次世界经济衰退的环境里，创造出一个又一个的奇迹。

勤劳，是中国韧性的源动力之一。中国全面脱贫，是世界发展史上的奇迹。脱贫靠的不是爱心人士的捐赠，不是国家给予的补助，而是贫困群众在国家提供知识、物料、渠道等的背景下，通过劳动创造出足以使自己摆脱贫困的价值。古语说"授人以鱼不如授人以渔"，中国人民在脱贫道路上不仅做到了"授人以渔"，还做到了"精准授人以渔"，做到了扶持对象精准、项目安排精准、资金使用精准、措施到户精准、因村派人精准、脱贫成效精准。这些举措避免了如用小杆钓大鱼、用大网捞小鱼的无用功。各地因地制宜发展农业、工业和服务业，种植适宜的农作物、根据人们消费需求加工农产品、提供相应的旅游服务，以上种种都使得人们的收入来源多起来、钱包鼓起来、日子好起来。

教育，也是中国韧性源动力之一。《论语》指出"三人行必有我师焉，择其善者而从之，其不善者而改之"。也正是因为中国人的虚心求学、取人之长，中国的科学技术实力才得以快速提升。得益于教育赋予人们的创新能力，"自主知识产权""自主研发"的高新技术推动着国家经济由前期的高速增长转变为高质量增长，虽然这一路上有坎坷、有失利、有挫折，但中国人民不怕输、敢向前的冲劲，能让许许多多的不可能变成实实在在的可能。

齐心协力，更是中国韧性源动力之一。中国被称之为"世界基建大国"，这离不开齐心协力、坚忍不拔的国之栋梁。2020年新冠疫情暴发期间，武汉火神山、雷神山医院的建设，各地紧急医院的建设，都是在很短的时间内完成的。从设计到完成施工，从人员招募到组织建设，各方面都进行得有条不紊，积极配合且主动冲在一线、最危险的地方的奋斗者更是数不清，中国人民以万众一心的姿态，诠释了众志成城。

吃苦耐劳，亦是中国韧性强大动力之一。为实现目标，许许多多的劳动者经常加班加点连续奋战，从当时的"神舟一号"发射到"天问一号"带着"祝融"访问火星，从亩产数百斤到亩产千斤，中国人民咬着牙、使着劲，突破了一个又一个艰难险阻，解决了一个又一个困惑难题。这种与生俱来的奋斗精神，源于对美好生活的向往，美好生活不是靠等待而是靠付出才能得到的。为了实现梦想，中国人所付出的努力、做出的牺牲是许多人想不到的。

"勤劳、教育、团结、吃苦"，这八个字看似简单，实则内涵极其丰富，他们亦是中国经济发展最重要的基石。但是，只有在全心全意为人民服务的中国共产党的领导下，中国经济强大的韧性与潜能才能得以发挥。事实上，不管哪个国家，人民都是国家的主体，是最重要的组成部分，只有真正尊重人民、服务人民，人民才能发挥出极强的韧性，令国家持续繁荣昌盛，令经济继续稳健增长。

第三节　党的领导是中国经济腾飞的关键

新中国成立以来，中国人民的生活发生了翻天覆地的变化，世人有目共睹。一串串历史足迹见证了中国综合国力越来越强，人民生活水平越来越好，证明了只有中国共产党才能发展中国。

中国共产党自建党以来，不忘初心，牢记使命，一代又一代的领路人以"为人民服务"为目标承前启后地付出，中国人民才能从恶劣的环境中站起来，在复杂多变的全球变局中富起来、强起来。

中国取得如此巨大的成就，经济发展实现犹如沧海桑田般的转变，根本原因是中国共产党的宗旨，即全心全意为人民服务。想要让人民过上好日子，就必须全面解放生产力，

发展生产力，消灭剥削，消除两极分化，最终通过大家共同的努力实现共同富裕。

共同富裕不是人人财富均等，而是多劳多得的公平分配。有些人理解的先富带动后富，是先富的人将财富平均分给没富的人，以此实现财富的均衡，这种想法和思维明显远远落后于时代。我认为先富带动后富，需要一批人先通过利用劳动、资源、机遇等因素达到富裕水平，再通过获得的积累创造更多的条件，帮助未富的人共同通过劳动创造财富，从而实现共同富裕。

富裕的实现需要许多保障。我们常说："哪有什么岁月静好，是因为有人替我们负重前行。"中国经济发展离不开强大的军事保障，国防力量的日益提升是关键。守护国土安宁更是人民军队为人民服务的忠诚体现，只有稳定才能为国家的经济发展争取到足够的时间和空间。

物质生活是精神生活的基础，中国共产党的脱贫攻坚、支持特色农业发展，将一代代不懈奋斗的农业人团结在一起，向禾下乘凉梦不断靠近。这化解了 14 亿人口的吃饭难题，让劳动人民能吃饱、能有力气撸起袖子加油干。

提高农业产量和工作效率，最需要的是人才，教育是人才培养的重要基础。中国高度重视教育，九年义务教育的普及、高等学府的建立，帮助更多国人得到学习、掌握知识的机会，这也为中国未来由量变引起质变的科技发展奠定基础。

人才的力量在推动各行各业发展的过程中得到了充分体现。三大产业的布局，就业岗位的增长，优质企业的不断涌现，科研成果的商业转换，中国制造和中国智造的升级不断影响着全球。我们有信心和实力，使具有自主知识产权的核心技术和科研成果，在未来得到全世界的认可。

地球是人类的家园，"一带一路"、亚投行等，都是中国为人类命运共同体贡献给世界的精神和物质成果。尽管全球局势极为复杂，存在不少海外敌对势力，但是中国一直在用不断增强的实力，让世界认识到中国的热爱和平、包容友好、繁荣发展及坚强不屈。

可以肯定的是，未来十年，中国的综合实力将进一步增强，各项科学技术水平也将得到明显提升，许多过去以及当前遭到海外势力的技术封锁难题将被攻克。尽管当前全球经济形势还不明朗，境外反对势力虎视眈眈不怀好意，中国制造和中国智造在国际频频受阻，但这正是我们继续迎难而上、开拓创新、提升技术水平、绕过甚至击碎各种壁垒的历史机遇。未来的"中国芯"必然会大放异彩，成为国际舞台的主角。

我相信，在中国共产党的领导下，全面实现现代化的中国梦必将越来越近。

第四节 中国韧性助推中国式现代化进程

新冠疫情期间，世界各国各地区经济表现不及预期，继续令全球经济前景扑朔迷离。虽然全球陷入经济困局之中，但是中国经济仍通过有效的方式实现了"逆流而上"。

中国经济为什么具备如此强大的韧性？为什么很多国家和地区很难模仿借鉴中国模式？我认为，主要有两方面原因，一方面是中国的领导层真正把人民群众的根本利益放在了心坎上，另一方面是人民群众对国家的高度信任。

中国领导人都有着长时间的基层工作经历，他们和老百姓同吃同住并且工作在一起，在一线工作中为人民群众排忧解难，积累了很多有效的工作经验。一个人的经历决定解决问题的能力，这些经验和能力无法从书本中生搬硬套，而是通过长时间基层历练将其刻入骨髓。他们知道老百姓想着什么、需要什么、期待什么，因此他们知道该出台什么政策、制定什么方针、采取什么行动，解决什么矛盾。

更重要的是，人民对执政党的信任、拥护，以及人民群众自身的团结。人民群众几乎都是无条件接收并执行国家颁布的各项方针政策决议，2020 年全球经济遭受近年来最大的冲击，而中国当年的 GDP 却能够实现正增长，这与众不同的成绩一度令全球感到诧异。能够取得这一成果，是和中国最高层正确的治国方略，以及各级政府全心全意为人民服务的行动，人民群众"听党话跟党走"乃至全民"撸起袖子加油干"的共同努力分不开的。近年来，许多在关键岗位的劳动者不讲条件、夜以继日、专心致志扑在工作上，这就是中国经济在全球不景气时还能逆势而行的有力支撑。

相比起来，许多海外国家领导人从小就过着衣食无忧的生活，作为资产阶级的代表，"何不食肉糜"的他们并不知道底层人民需要的是什么。他们只要以国家手段维护好资本的利益、以暴力机器维护好外界的稳定、以舆论压制维护好自身的强大，就能成为一位"好的"领导。领导不到群众中去，群众自然也不会信任领导层，这也是为什么有些国家经常在政府出台文件后，民众闹罢工、搞游行的重要原因之一。

因此，中国的成功经验西方国家学不来，也学不会。同理，在不同制度、不同文化的环境中，中国也不会生搬硬套外国政策。继续坚定不移坚持党的领导，继续贯彻落实党和国家的各项方针政策决议，中国经济的韧性就会越来越强，而随着大量人才和创新技术的涌现，具有韧性的中国经济必然会促进中国式现代化的实现。

党的二十大报告指出，中国式现代化是人口规模巨大的现代化，是全体人民共同富裕的现代化，是物质文明和精神文明相协调的现代化，是人与自然和谐共生的现代化，是走和平发展道路的现代化。作为全面贯彻落实党的二十大精神的开局之年，以及"十四五"规划承上启下的关键之年，2023年也是中国历史上极具里程碑意义的一年。

首先，稳定依然是关键。稳定经济发展、稳定社会环境、稳定人民信心，一系列的稳定将为中国经济持续高质量发展打下坚实基础。例如新冠疫情过后的第一个"小长假"——2023年"五一"期间，各景区游客的爆满反映出后疫情时代人们对精神文化需求的进一步渴望，也反映出人们对下一步的经济发展、共同富裕的实现充满了信心。

其次，人才将继续发挥推动经济高质量发展的作用。中国经济进一步稳定离不开各类人才在不同岗位上的兢兢业业。国家、高校、企业需要继续高度关注人才工作，继续培养多元化、专业化的人才。人民群众也要发挥主人翁意识，通过各类学习不断提升知识水平，力争成为庞大人才队伍中的一分子。

最后，创新让中国式现代化行稳致远。创新是为了更高质量的进步，思维创新、方式创新、技术创新等都是在为发展创造机会，为更加系统化地推进中国式现代化寻找破解各种难题的思路。与此同时，时代也迫切呼唤各种有着颠覆性意义的创新的出现来极大地改善人们生活、推动时代的发展，并让科技更发达，让生态更绿色，让经济更健康，让中国式现代化行稳致远。

第五节　世界经济发展的新动力

　　如今世界经济已走出新冠疫情三年的"泥潭"，国家重量级人物纷纷跨出国门，商讨国际合作事宜，无论是发挥比较优势还是扩大进出口市场，这些行动都值得点赞。

　　我们需要更清晰地认识到，在工业 4.0 时代，任何一个国家或地区都不可能仅依靠自己的力量就能够实现经济社会高质量发展，大多数人都希望合作共赢，但总有些"不靠谱的队友"会做出些损人不利己的行动，阻碍了世界经济的发展。可喜的是，中国经济近年来出现一系列积极变化，前期大量积累的量变已经发生质变。经济回升与信心提振的良性互动，进一步促进了中国经济的高质量发展。事实上，这种结合自身实际、发挥自身特点，最终实现突破的途径，是中国式现代化的表现形式之一，它也让世界看到一种助力全球经济发展的全新发展渠道。

我认为，中国式现代化对世界经济发展的作用主要有两个方面。

第一，中国式现代化对世界经济发展起到"稳定器"的作用。2023年以来，全球经济还处于弱势阶段。整体而言，无论是内需还是对外经济行为，都难以有效驱动国内经济向好发展。尤其是在通货膨胀率居高不下，美国多家银行出现危机，货币政策紧缩等背景下，世界经济未来的趋势存在诸多的不确定性。

与世界大多数国家经济发展的形势相反，中国经济依然保持着较为稳健的步调。长期以来，中国都以"稳"作为实现发展的关键词，无论是出台政策还是推动落实，都会紧紧围绕这个中心工作展开，以推动经济发展和社会进步。靠创新引领经济转型升级，促进经济健康发展，实现产业发展、经济增长的良性循环。

世界银行也指出，尽管世界经济面临诸多挑战，但亚太地区成了2023年极具经济活力的地区，其最主要的推动力来自中国经济快速复苏和印度经济增长韧性。显而易见，世界银行对中国经济的未来给予了极高的期望。

第二，中国式现代化为世界经济发展提供新动力。经济发展离不开贸易，贸易所依靠的流通要素是发展的关键，即资金、生产资料、劳动力、技术等各方面的流通。然而近年来这些流通受到了阻碍，以美国为代表的西方国家以疫情防控为借口，在竞争过程中拉起贸易保护主义大旗，以限制、制裁等方式打压中国、阻碍中国科技进步，从而继续保持霸主地位主导世界。这种损人利己的行为破坏了全球经济大循环，而本就面临重重困难的全球经济，却因不知道该如何脱困而"迷惘"。

2020 年 5 月，中共中央首次提出"构建国内国际双循环相互促进的新发展格局"，这是我国根据国内发展的需要与国际形势的变化作出的战略调整。以国内循环为主体，国内与国际双循环相互促进。一方面这能重点突出自身的内部优势，不断优化自身的资源禀赋；另一方面这能够帮助中国借鉴、依托、参与、融入其他相关市场，使国际交流优势互补、资源互助、人才互通得以形成，可持续的双循环相互促进的发展格局得到确立。

值得注意的是，中国式现代化是具有中国特色的现代化，是在新中国成立特别是改革开放以来的长期探索和实践过程中，自党的十八大以来形成的理论和实践的创新突破。然而，鉴于社会形态和发展经历的差异，这种成功的经验是其他国家和地区暂时难以借鉴和模仿的。实际上，世界经济的发展既要有"志同道合"，也要有"求同存异"。中国式现代化可引领和推动世界经济向好发展，也是构建人类命运共同体、应对全球性挑战及共建和谐共存大家庭的重要助力，它亦能够为世界经济的发展提供更多新动力。

第六节　世界现代化实践的巨大创新

　　作为人类文明发展与进步的标志，现代化是中国人民近代以来一直为之奋斗的目标。那么，究竟什么是中国式现代化？我认为，归根结底，中国式现代化是中国共产党领导人民通过长期探索和实践得到的一项重大成果。具体而言，中国式现代化指的是具有中国特色的现代化，是全体人民的现代化，也是全体人民共同富裕的现代化，更是走和平发展道路的现代化。众所周知，推进中华民族伟大复兴靠的就是中国式现代化。一方面，中国式现代化顺应了时代发展的潮流，受到了广大人民的支持和拥护；另一方面，中国式现代化推动了人类事业的进步，带来了巨大的民生改善和经济发展，同时也是世界现代化实践的创新。

第一，经过改革开放以来的长期探索和实践，中国成功拓展了中国式现代化内涵，为世界现代化进程谱写了伟大的创新篇章。

中国式现代化，没有走西方的老路，而是依靠自己找出了一条中国式的现代化道路。虽然取得了巨大成就和创新经验，中国却并未"故步自封"，而是以宽广无私的胸怀，向全世界提供了一种行之有效的"中国方案"，为世界现代化进程再向前一步贡献了"中国智慧"。例如，在社会主义市场经济体制条件下大力发展经济的成功经验，或者在推进现代化、促进国际发展合作、能源转型以及现代化理论创新等多方面的突破，中国都积极地与世界其他国家进行了友好分享。

第二，只有符合本国国情的现代化之路才能成功走通，因此世界各国要发展现代化，必须找到适合自己的方式，这也是今后取得创新突破的关键所在。

中国式现代化符合中国实际国情，同时又体现了社会主义发展规律和人类社会发展规律，代表人类文明进步创新的发展方向。我认为，中国式现代化以鲜活和成功的实践为现实依据，并在马克思主义的理论指导下，巧妙地把科学性、建设性与批判性完美结合起来，其既具有基于中国国情的显著特色，也彰显出共性和个性的有效统一。总之，中国式现代化为正在思考如何实现符合本国特点的现代化的大多数国家，提供了一种行之有效的"中国方案"，它重塑了世界各国对现代化的深刻认识，彰显了中华民族在新时代高度蓬勃发展的民族自信心。

第三，中国式现代化既是一个国家所取得的巨大进步，也是对世界现代化实践的一次伟大创新。

回顾世界发展史，中国用短短几十年的时间，走完了西方发达国家耗时几百年才能够走过的工业化历程，取得了举世瞩目的伟大成就。这一奇迹，不仅是中国的，同时也是世界的，正在给世界带来诸多方面深远的影响。其中，最大的影响莫过于，中国式现代化为人类实现现代化目标提供了新的选项，特别是为广大发展中国家推进现代化进程提供了广阔的新思路。

不管从哪一方面来说，中国式现代化都是对世界现代化实践的一次伟大创新。这是因为以前的人们往往认为，西方的现代化道路是世界所有国家和地区都必经的一条道路，这种观点显然是没有科学性的。毕竟世界上相当一部分的发展中国家通过走这条道路实现现代化的可能性微乎其微，大部分走上这条道路的国家和地区很长一段时间都在原来的位置上徘徊不前，甚至更糟。究其根源，西方的这条现代化道路并不适合广大发展中国家的实际国情，其在后者身上存在严重的"水土不服"的问题。因此，发展中国家应该从自身的国情和文化传统出发，去积极探索适合自身特点的现代化道路。

党的二十大报告明确指出，中国式现代化，是中国共产党领导的社会主义现代化，既有各国现代化的共同特征，更有基于自己国情的中国特色。现代化道路并没有固定模式，适合自己的才是最好的。独特的文化传统、独特的历史命运、独特的基本国情，注定了我们必然要走适合自己特点的中国式现代化道路。

总而言之，中国式现代化为发展中国家树立了榜样，这不仅是对世界现代化实践的创新，更是对人类生存范式的一次重大创新。

第二章

中国经济大发展的新动能

第一节　全国统一大市场助力资源优化配置

全国统一大市场，通俗来讲，就是商品（包括货物和服务）和生产要素（包括资本、劳动力、技术、数据等）在全国各地区之间实现自由的、无障碍的流通，从而资源能够流动到最有效率的区域，使资源得到优化配置。

在投资者眼里，股市日常证券交易就像一种"统一大市场"，在没有各种所谓的内幕的前提下，大家所得到的信息都是统一的，在同一时间买入或卖出的价格也是统一的，持有每一股所能够行使的权利也是统一的，也许这只是理想状态中的公开、公平、公正，现实可能并非如此。

建立全国统一大市场是一项系统性、全局性的复杂工程，不像建立一个超市、一个商品市场那么简单。 对群众而言，统一大市场的作用表现在同类商品的品牌变多了，商品的价格选择也更多了。对商户而言，统一大市场意味着销售渠道变多了，产品品牌知名度提升了。对国家而言，统一大市场能够优化、加速国内大循环，创造更多效益。国家可以更清晰地分析出人们的供给、消费等需求，进而更精准地实施战略。对产业发展而言，市场的优胜劣汰将能更好地培育企业，优化产业结构。

在微观上，建设全国统一大市场有三方面的现实意义。

第一，全国统一大市场可以打破国内各省市区甚至到各村的"商品保护壁垒"。 原本在小范围内销售的商品可以在全国流通，大多数商品都会出现多个品牌"百舸争流"的现象，消费者的选择空间变大，这也更利于优质商品稳固自身品牌地位。地方保护不仅出现在国与国之间，还常见于各地区之间。很多地方都有自己的"本地特色品牌产品"，当地政府为了保护其品牌，会通过各种手段拒绝其他同类产品进入市场，使地方品牌一直处于政府保护的"温室"中。

第二，全国统一大市场可以拓宽中小微企业的商品销售渠道。 虽然我们可以利用的网络平台很多，但若得不到流量企业的线上推广，销售难度会不亚于"地推"和线下拓展，交易成本也不一定能下降。通过建立全国统一大市场，各类产品将有望更精准地被推送到意向消费者的客户端上。虽说这有一定程度撮合的成分，但具体是否购买、买哪种品牌均由消费者自身决定。这种政府来引导、市场说了算的形式，也有利于市场交易成本的进一步降低。

第三，保证商品的安全性。现阶段，无论线下实体还是网上店铺，都曾出现过包装精美的"三无产品"，例如老年人常被忽悠去购买的保健食品和器材。通过集中整治，全国统一大市场可以培养消费者在正规渠道购买商品的习惯，让不良保健食品、劣质用品无所遁形。

与此同时，加快建设全国统一大市场，在宏观层面上的作用、意义更大。

一是市场在资源配置中的决定性作用得到有效发挥，全国统一大市场是以合理的市场需求优化资源有效配置，刺激各类要素资源的有序流动，并根据各地区经济发展情况、产业发展情况、民族文化情况等因素，因地制宜激励优质产业落地创新，继而推动全产业链的良性竞争。

二是多项内容的统一，全国统一大市场有效优化产业布局，刺激产业创新意愿。市场基础制度规则统一将保证市场公平公正，统一的要素和资源市场将推动资源的有效配置，市场设施高标准联通意味着实体产业将通过日趋完善、发达的物流消除距离上的障碍，即便偏远的小地方，也能顺利将商品销往全国各地。

三是促进经济高质量发展。通过统一大市场，不当竞争和干预行为得到有效规范，高标准市场体系得以形成，统一大市场保证产业继续蓬勃发展，推动质量变革、效率变革、动力变革，为中国经济高质量发展提供有力支撑。

第二节　粤港澳大湾区引领高水平对外开放

在国家加快构建双循环全新发展格局背景下，推进大湾区建设对于中国经济高质量发展、实现更高水平对外开放具有重要意义。2019年2月，中共中央和国务院印发了事关大湾区发展的纲领性文件《粤港澳大湾区发展规划纲要》（以下简称《纲要》），这开启了全面快速推进粤港澳大湾区发展的新篇章，奏响了在更高起点上推进大湾区改革开放的时代强音。

自《纲要》发布以来，广东以全省之力勠力践行，已把宏伟的蓝图逐渐变成生动的现实，在全面建设社会主义现代化国家新征程中走在了全国前列，创造出无愧于新时代的新成就。此举对于实现"两个一百年"奋斗目标，实现中华民族伟大复兴的中国梦，具有极其重大的现实意义。

勇立潮头，守正创新。一个充满创新活力的粤港澳大湾区正在加速崛起。未来，粤港澳大湾区仍旧需要在三方面持续发力，引领中国改革开放再次出发，成为中国经济高质量发展的"先行区"。

一是，继续加大粤港澳大湾区金融支持建设力度，进一步提升粤港澳大湾区在中国经济发展和对外开放中的引领作用。

2020 年 4 月，中国央行、银保监会等发布了《关于金融支持粤港澳大湾区建设的意见》，并出台了促进金融市场和金融基础设施互联互通、提升粤港澳大湾区金融服务创新水平等 5 个方面的 26 条具体措施。这些措施极大地激发大湾区市场发展活力，对中国改革开放新格局产生了深远的影响。此举不但构建出了粤港澳大湾区一体化的国际金融设施体系，发挥出"以点带面、以小促大"的政策效应，推进大湾区经济实现高质量发展，而且还有助于加速建设湾区使其成为国际一流湾区和世界级城市群，成为中国经济崛起的一股先锋力量。

未来，金融支持的力度应持续强化，必要的时候还应成立"粤港澳大湾区金融工作领导小组",以协调解决金融领域中一些突出的重要问题。

二是,应深入挖掘粤港澳大湾区的合作新机遇,推动金融市场发展水平再创新高。

粤港澳大湾区是主要包括广州、深圳、中山、珠海、佛山以及澳门、香港等部分地区共同组成的"9+2"城市群,是现代中国开放程度最高、经济活力最强的区域之一,亦是中国在全球竞争环境下的一个重要载体,它直接对标的是美国纽约湾区、旧金山湾区和日本东京湾区等国际化大湾区,在中国占据着日益重要的战略性地位。随着大湾区互联互通持续快速提升,在资本市场层面,粤港澳大湾区具有的独特优势更加显著,例如其"坐拥"了深交所和港交所两大证券交易所,这种优势不仅是在全国,在世界级的湾区中也是少见的。

下一步,建议深交所和港交所进一步加强合作,努力扩大互通标的,并积极探索制度层面的融合发展,即"制度通"。我认为,推动粤港澳大湾区金融市场之间各项制度、规则的联通,尤其是金融市场的制度联通非常重要。总体来看,深交所和港交所仅一河之隔,具有天然的合作优势,不管从距离上、文化上或情感上，双方的紧密合作是大势所趋。

三是，适当借鉴国际一流湾区的发展经验，持续促进粤港澳融合发展。

粤港澳大湾区是世界上首次在一个国家、两种制度、三个关税区、三种货币的条件下开展建设的，国际上完全没有先例可循。特别是在粤港澳三地法治体系、经济模式等方面都存在一些差异的背景下，构建法治化环境不仅对粤港澳自身具有决定意义，也对中国乃至世界具有极强的示范作用。

此举，一方面有利于加快各类市场主体要素在大湾区自由流通，提升投资自由化与贸易便利化水平，另一方面，还有助于营造出法治化营商环境，吸引越来越多的海外资本和人才来此聚集，进而推动粤港澳社会经济融合发展。假以时日，粤港澳大湾区将有望超过东京湾区和纽约湾区，在世界四大湾区 GDP 总量排名榜上名列前茅。

总而言之，世界各国经济实力的大比拼，归根结底是营商环境的对决，营商环境不但是重要的软实力，也是核心竞争力和最强生产力。更重要的是，通过良好的法治化营商环境，粤港澳与世界将更加紧密地联系融合为一体，从而更有利于粤港澳大湾区融入和服务"一带一路"，为"一带一路"建设贡献力量。

第三节　中西部自贸区成为区域经济发展新引擎

　　在中国经济转型升级的重要阶段，各地建设自由贸易试验区（以下简称"自贸区"）不仅有助于提振外贸，稳定经济发展，而且还能为中国经济转型升级营造良好的发展环境。

　　简言之，中国就是要通过自贸区这个制度创新的试验田，鼓励地方政府大胆探索，将改革红利逐渐释放出来，最终有效弥补区域经济发展不平衡的短板，进而推动中国经济实现转型升级。

　　不管是对东部地区还是对西部地区而言，建设自贸区都具有里程碑的意义。东部地区因其本来就具有地理上的优势，再加上自贸区助力，简直"如虎添翼"。而西部地区因前些年经济发展不平衡，综合效果可能会逊于东部地区，但发展势头不可小觑。近年来，随着西部大开发战略的深入推进，诸如贵州、重庆等中西部地区发展迅猛，但与东部沿海地区的差距仍然较大，尤其教育、医疗等公共资源以及金融、贸易和发展机会等，仍主要集中在东部沿海城市。在中国边远贫困地区，这种差距更加明显。随着中国各地自贸区建设的深入，这种格局有望得到改变，并且正深刻影响着中国经济的未来。

第一，自贸区是中国经济发展新引擎。中国市场经济的第一次大改革出现在深圳，而上海自贸区的成立则是中国市场经济发生的第二次大改革。其主要标志就是中央赋予了自贸区更大改革自主权，即探索建设自由贸易港。我认为，这是与中国建立深圳特区、2001 年加入 WTO 同等级别的重大改革开放举措。自贸区和自贸港虽只是一字之差，但自贸港却是扎扎实实的一次升级。数据显示，在世界集装箱港口里，中转量排名前列的新加坡港实施了自由贸易港政策，这吸引了大量集装箱前去中转，从而奠定了其世界集装箱中心枢纽的重要地位。

与此同时，伴随着自贸区扩容和升级，中国自贸区创新开放红利将会在更大范围内释放，这也意味着更大范围的改革即将到来。自贸试验区的扩容，一方面有助于为中国经济稳增长蓄力，为经济持续稳定发展提供有力支撑。另一方面还可以强化东、中、西部地区之间合作，增强联动性。但是，自贸试验区的扩容不能"一刀切"，要结合当地实际情况而定。

第二，自贸区补齐区域经济要素异常流动短板。一直以来，区域经济发展的不平衡问题，已经成为分析中国经济形势时绕不开的一个话题。因为区域经济发展的不平衡将会带来两种要素的不平衡流动：一是广大中西部地区留不住人才，甚至好不容易留下来的人才，最终也往一线城市流动。二是资金和技术的流失严重。我此前在西部地区调研时经常会发现一种现象，即某些西部企业好不容易孵化出来的新产品、积累下的新技术，因为在当地没有市场，所以最后只能流向东部地区。当然，资金也会跟着这些项目一同流走。

现在的情况已经变得不同，因为这些地区近年来有了自贸区。不但当地的经济发展情况良好，而且资本市场发债和上市都比较容易，资本也比较集中，而不再像以前那样随项目流走。相反，这种溢出效应，已经帮助它们争取到了竞争新优势，如已经有不少重点企业将重点合作区域从东部沿海城市转移到西部地区。我认为，西部自贸区极大地推动了西部地区经济发展，使其步入快车道，给整个西部发展带来不可估量的未来，经济腾飞指日可待。

第三，扩容后的自贸区深刻影响中国经济的未来。分布在中国各地的自贸区"试验田"，已经构筑起各具优势、各有侧重的对外开放全新格局。它们不仅能够服务于国家战略，肩负起带动周边地区经济发展的担子，而且还有利于形成更多可复制可推广的经验，为在全国范围内深化改革开放探索出了新途径，达到了推动形成全面开放新格局、提升中国经济全球竞争力的双重目的。

在探索建设中国特色自由贸易港大背景下，如果全国所有的自贸区都能够升格为自由贸易港，这对中国中西部地区经济发展而言，无异于锦上添花，其辐射面积也远非其他自贸区可比。总体而言，升格为自由贸易港后的中西部自贸区将对整个中国经济发展贡献更大、影响更久。因为根据世界经济发展的规律，人均 GDP 过万后，经济增速将会逐步放缓，而中西部地区因其经济发展水平不高，所以经济增长潜力更大。

第四节 城市群建设补齐区域发展
不平衡短板

众所周知，一只水桶能盛多少水，并不取决于最长的那块木板，而是取决于最短的那块木板，这就是"木桶效应"。中国幅员辽阔、人口众多，区域发展不平衡问题由来已久，如何"加长"一只木桶的那块短板，一直备受各方关注。

在协调发展的新理念指引下，京津冀、长三角、粤港澳大湾区三大城市群正探索有效破解不平衡发展问题的新路径，并取得了阶段性成果。2022 年国家发改委相关负责人在区域协调发展专题新闻发布会上介绍，2021 年，包括京津冀、长三角、粤港澳大湾区在内的内地九市三大地区生产总值分别达 9.6 万亿元、27.6 万亿元、10.1 万亿元，在全国总量中的占比超过了 40%，三大区域发挥了全国经济压舱石、高质量发展动力源、改革试验田的重要作用。

其间，一批创新政策先试先行。主要创新政策有《关于加快建设京津冀科技创新支点城市的若干措施》《京津冀协同发展产业转移对接企业税收收入分享办法》《长三角科技创新共同体联合攻关合作机制》《关于进一步支持长三角生态绿色一体化发展示范区高质量发展的若干政策措施》《广东省进一步推动竞争政策在粤港澳大湾区先行落地的实施方案》《关于进一步便利港澳居民在深发展的若干措施》《关于商务领域支持粤港澳大湾区建设若干政策措施的意见》……此外，除了国家战略的顶层设计外，三大城市群亦因地制宜在科技创新、产业协同、人才流动等维度精准施策，助力区域经济高质量发展。

与此同时，城市群内的各大城市也在根据自身的功能定位各司其职、协同发展，这极大地促进了城市之间的优势互补效应。

粤港澳大湾区更是城市群之间产业协同的典型范例。广州作为广东省省会，兼具重要的经济功能与政治功能，拥有多所"双一流""985""211"高校，这为粤港澳大湾区储备了许多优秀人才；深圳和珠海地处沿海，分别与香港、澳门为邻，产业多以知识密集型为主，重点发展高精尖的科技创新产业；东莞、佛山、中山等城市与广州、深圳形成科技配套，多以技术密集型产业和人口密集型产业为主，围绕制造、加工等环节发展创新；香港、澳门则是对外开放的重要窗口，两地旅游业，尤其澳门旅游业更是产业吸金重点。

不难发现，粤港澳大湾区的各城市"分工明确"，在创新、金融、产业、人才、技术、旅游等各个方面，构成了一个庞大而相对完整的生态网络，该系统使得产业在大湾区中足以实现内部循环。各城市在聚焦某专业领域时，又在城市发展建设中分别得到均衡发展，城市之间做到相互沟通和协助，较好的协同发展格局得以形成。此外，在京津冀协同发展过程中，北京、天津注重研发，河北注重落地成果转化。长三角在加工制造业上实现错位协同也是城市群间产业协同的具体实践。

自 2021 年 9 月党中央、国务院公布《横琴粤澳深度合作区建设总体方案》以来，横琴在一年后新增澳资企业 700 多家，总数目前超过 5000 家；在横琴就业的澳门居民数量同比增长 54.4%。在重大政策方面，个人所得税、企业所得税"双 15%"及澳门居民个税优惠政策落地实施，横琴澳门居民整体税负下降七成，澳门单牌非营运小客车出入横琴配额总量被全面放开。由此可见，上述《横琴粤澳深度合作区建设总体方案》带来的影响力无比深远。

需要指出的是，在硬件设施配套齐全之后，要想实现"筑巢引凤"，为人才流动解决后顾之忧是关键。

当今，人才已是高度市场化的资源，具有很大的流动性。既然一个人能够从其他城市被吸引过来，就也有可能被另外一个城市吸引过去，过客般的人才对城市未来的发展难有实质性意义。所以城市需要想方设法留住人才，让其长时间在城市建设中发挥力量，甚至能够将力量发挥到极致。留住人才无外乎两个条件：物质生活和精神生活。符合市场所需的薪酬是对人才的一种承诺，也体现了城市对人才的诚意。另外还要尊重人才，让人才感恩在这座城市中的生活，让他们发自内心地愿意在城市里安家立业。但是，眼下许多人才流动的壁垒亟待得到解决，例如户口、教育、社保、医疗等问题，各地应结合自身实际情况，出台针对性政策措施，为各类人才提供坚实的生活保障。

第五节　都市圈建设带动中小城市加速升级

　　曾经，我们喜欢用一、二、三、四线来划分城市。而今，随着粤港澳大湾区、长三角、京津冀等都市圈的火热和崛起，中国的城市格局正在进入一个以"圈"为主流的时代。

　　我认为，都市圈肩负着的当代使命是完善中国改革开放空间布局，构建现代化经济体系，进而推进更高起点的深化改革和更高层次的对外开放。**从对中国经济发展的影响以及国际局势来说，构建都市圈非常必要。从中国经济发展来看，都市圈建设不但可以促进城镇化建设，实现资源的优化配置，而且能够增强辐射带动作用，进一步促进城市群内部各城市自身的良好发展。从国际局势方面来看，**

在复杂多变的国际背景下，纽约、东京和北京等都市圈逐渐向外蔓延和扩散，更多的大都市圈的形成将为中国发展奠定新的经济基础。

对于都市圈建设带来的方方面面的变化，我深有体会，企业和普通老百姓也应尽早抓住这个时代赋予的机遇。比如，在国家高铁网络建设以前，在深港澳往返一趟不太容易，往往需要花上大半天的时间。现在，受益于都市圈建设带来的"红利"，广州南站、深圳北站等都有了高铁直通香港，而且自从港珠澳大桥开通之后，香港到珠海、澳门的时间缩至半小时，这节约了大量的时间成本。深（圳）中（山）通道正式通车之后，一小时内生活圈变为现实，这无疑极大地方便了粤港澳大湾区市民们的生活和工作。

国家正在推进的粤港澳大湾区以及其他都市圈建设，将会把中国经济提升上新的台阶。例如，粤港澳大湾区可以被看作是中国建设世界级都市圈、融入和推动全球合作发展的重要空间载体。我认为，国家2019年2月印发的《粤港澳大湾区发展规划纲要》对于下一步建设粤港澳大湾区具有重要的指导和现实意义。其不但有利于促进区域协同发展，而且还有利于大湾区建设向纵深方向发展。与此同时，粤港澳大湾区也为香港、澳门拓展腹地纵深提供了重要的平台和空间。

显而易见，粤港澳大湾区正迎来新的历史发展机遇。但是，在构建城市群、推动协调发展的过程中，诸多困难也是存在的，大湾区还可能会面临着如何吸引人才等方面的问题。例如，吸引海内外优秀人才持续"加盟"，是粤港澳大湾区以及我国都市圈建设成功的关键。**而建设粤港澳大湾区面临的最大挑战则在于体制机制层面，因为湾区历来都是一个具有浓烈海洋色彩的地理概念，开放是其天然属性。如果不尽快打通大湾区内的一些阻碍隔阂，大湾区内要素的自由流通就很难真正变成现实。**

我对国内各大都市圈建设有很多意见和建议，主要体现在三个方面。

第一，目前各大都市圈建设，几乎都是把集中更多的市场资源放在第一位，因而忽略了"城市弹性"，即没有注重户籍、公共服务等多方面协调性发展；第二，一定要有清晰的都市圈战略规划，要事先明确大都市圈的内涵、形态和功能，建议国家相关部门抓紧组织研究，并出台政策文件加以正式明确；第三，亟须组织专家学者开展都市圈建设的基础理论和政策研究，为都市圈建设提供理论支持。唯有如此，我国各都市圈建设才会驶入健康发展的轨道。

第六节 智能建造引领建筑业迈向新境界

在世界科学技术发展的主要领域和大方向上，中国现在占据着重要的一席之地，对于这项成就的取得，用日益进步的"科技力"来诠释最为恰当。

众所周知，中国各行各业的科技发展都处于极速发展之中，其中某些领域已经走在了世界的前列。这些显著的进步在中国科技论文的数量、质量和广度方面得以体现出来。此外，中国老百姓的日常生活，也处处体现应有的科技水平，比如智能手机的普遍应用等。

在波澜壮阔的中国科技史上，从来没有一个时代像如今这样繁荣。就拿房子来讲，在科技的赋能之下，建筑业比之前更加智慧高效，不管是建造房子的过程还是建成后房屋里的高科技感设计，都让人惊叹不已。

第一，用机器人盖房子。这一曾经只有在电影中才出现的场景，已经变成现实。

随着建筑机器人的广泛商业化应用，建筑业从业者不再像以往传统工人那样辛苦劳作。对于很多传统建筑工人来说，枯燥乏味的沉重工作经常让他们累得腰酸背痛，有人还会落下一身的"职业病"，可是施工的安全、质量和效率还得不到保障。针对这种现状，一部分中国房企"身先士卒"，专攻智能建造，通过一系列技术和模式创新，逐渐探索出一条行业高质量可持续发展的新路径，成功引领了全球建筑业的转型升级。

智能建造大有可为。作为支柱产业，建筑业在中国现代化建设中发挥了重要作用，做出了重大贡献。在不久的将来，建筑业将会以数字化和智能化推动行业全面转型，以绿色化目标助力可持续发展，走上创新发展的新道路。这也是不少行业人士的一大梦想。

正是看到了这一时代趋势，中国房企已从 2022 年起利用机器人建房子。智能建筑是中国建筑业高质量发展的主方向，更是实现建筑行业"碳中和"的有效路径。

第二，进入数字经济时代，建筑业要进一步提升智能建造水平，实现高质量发展。

2020 年以来，各行各业在物联网、云计算、大数据、人工智能等新技术加速驱动下，在内部深度交融，影响之深前所未有。

建设高品质的建筑项目、实现提质增效是一切科技创新追求的终极目标。在此背景下，推进数字化、智能化的建筑方式已经成为行业高质量发展的必然选择。在已有的现代化技术体系中，最有可能承担起建筑业革新重任的便是机器人技术的应用和智能建造体系的搭建。与此同时，国家及相关部委先后颁发的几个指导性文件，加速了建筑业改革发展和转型升级，引领着行业未来。

第三，"智能建造"推动建筑业革命，助力中国经济行稳致远。

作为全球性建筑市场之一，中国建筑业稳健发展尚面临不少问题，例如施工安全性差、生产效益低以及用工成本上升等一系列问题。目前，很多年轻人不愿意进入工地，随着上一辈建筑工人的老去，建筑业又该依仗谁呢？

"智能建造"为行业给出了时代的答案，机器人可以承担建筑业里最繁重、危险的工作。这是一项划时代的行业革命，甚至在一定程度上彻底解决了建筑业缺少年轻人、劳动力不足等一系列现实问题。建筑业会成为新时代的全新行业，吸引无数年轻人投身这份事业之中。机器人时代的到来重构了建筑业，进而推动"中国建造"迈向"中国智造"，助力经济高质量发展。

现在，建筑机器人仍然处于不断创新突破的重要关口，相关技术的迭代必将进一步赋能行业，进而加速"中国智造"发展，实现"弯道超车"，为中国经济转型再添新动力，且奠定坚实基础。

第七节　芯片产业开创中国科技新征程

这个世界上，似乎有个"中国定律"。一旦我们在某些技术上遇到被国外封锁技术的情况时，那么经过自力更生、艰苦奋斗后，这个难题就一定能被攻克。"两弹一星"如此，加入 WTO 也是如此，北斗卫星更是如此。因此不少中国人都相信，中国芯片产业必定会在一个较长的低谷期后一鸣惊人。

美国政府一直想方设法让美国产业离开中国、让中国用不上先进的芯片技术。这种简单粗暴的方式忽视了两国间的正常贸易交往，同时也刺激了中国企业的拳拳爱国之心，加快了"中国芯"的研发，在人才培养、科学研究等方面的投资力度也得到持续加大。

与拥有先进技术的海外国家和地区相比，中国芯片技术存在起步晚、起点低的问题。随着改革开放的持续深入，国内出现了许多优秀的芯片企业。与境外芯片产业相比，中国芯片在产能、工艺、技术等方面依然有不小的差距。而正是因为有差距，中国芯片产业的发展才有更明确的目标和方向。近年来，许多产品所需的芯片已经实现了国产化，国产芯片甚至还被大量出口到海外。为更好促进中国芯片产业高质量发展，中国企业仍旧应该继续发扬"敢为天下先"的精神，开创中国"芯"征程。我有四大建议可供大家参考。

第一，建议继续发扬"摸石头过河"的精神。历史经验充分证明，只要下定决心做一件事情，加之不懈的努力，就一定能成功。因此我们有理由相信国产芯片未来的工艺、技术、质量都将逐步得到提升，以达到并超越国际先进水平。一方面，国家需要通过政策支持、资金投入等方式，组织专业人员和相关企业，结合已有的成熟技术，共同研究攻克各种技术难关；另一方面，尽可能通过多渠道、多方式引入境外科研成果，力争做到"师夷长技以制夷"。

第二，建议全面激发现有芯片的潜能。例如同样是金属，银的电阻就比铁的电阻小，同理，在芯片大小不变的情况下，考虑是否有新材料能让芯片的效果更为强大，其他硬件的材料、组装方式是否有更合理的空间布局等，以使芯片能更好地发挥效用。同时，软硬实力要兼容。国产芯片作为硬件固然重要，操作系统作为控制芯片的软件也亟须实现国产化，因此效用才能得到最大发挥。

第三，建议大力保护技术人才。资本主义国家间竞争，往往是背后捅刀子多、正面拼实力少。我认为，随着中国芯片技术的提升，竞争对手极有可能利用不正当手段对待芯片技术人才，以此来实现影响国内芯片产业高质量发展的目的。国家需要未雨绸缪，不仅要提高物质、精神奖励，还要时刻监控境外势力的种种行动，为关键技术人员提供必要的保护措施。

第四，应让实用主义牢牢占据主导地位。"不管黑猫白猫，捉住老鼠就是好猫"。因此，只有效果能达到人们预期的才是有用的好芯片。现阶段我们需要不断加大科研投入，但没有必要过分追求成功开发出很小的埃米芯片，而是要将已经掌握的实用芯片制造做好、做精。

芯片产业涉及的产业链繁多，因此国家要为芯片产业不断夯实根基、搭建平台、培养人才，听取并吸收专业意见，协调各类芯片资源，推动企业交流合作。唯有如此，中国芯片产业才能实现高质量发展。

第八节　新材料产业驱动传统产业高速发展

让新材料产业成为引领中国经济高质量发展的"新引擎"，并非是一句空话。在中国经济转型的紧要关头，新材料已经成为带动传统产业升级的革命性力量，同时也是促进技术创新，推动经济高质量发展的一股先导力量。如果说互联网技术的日新月异是掌握未来发展的软件，那么新材料就是掌握未来关键的"硬件"。

"谁掌握了材料，谁就掌握了未来"，**这句话强调的是新材料的重要性，若是用经济学解释，这句话就变为了**"谁掌握了资源，谁就掌握了未来"。新材料作为各类发展资源中的一种，时常会引发制造业尤其是科技产业颠覆性的变化。

例如半导体材料的研发和应用，是决定云计算、大数据分析、区块链等一系列和计算机相关科技的硬件基础。即若是没有配套的强劲半导体技术和材料，信息技术将只是"纸上谈兵"。

新材料产业发展受到越来越多的重视，它由两个宏观因素决定。一是技术应用，近年来研究和开发出的新材料，体积更小、重量更轻、强度更硬、质量更好，继而被应用到各行各业。以"嫦娥五号"为例，其配备的新材料、新工艺、新技术，是其能将月球土壤带回来的关键。除了具有抗寒、耐热、抗压等功能外，外壳相对轻便也是令其顺利进行"太空旅行"的关键。二是商业价值，市场对新材料的需求十分火爆。以资本市场为例，半导体概念股，立昂微和新洁能的价格在上市后已经达到或超过其发行价的十倍，这种火爆行情在 2020 年的 A 股市场中也是不多见的。

东莞和新材料产业之间的"联合"，既是一种必然，也是一种契机。得益于城市建设的不断完善，从制造到智造的产业升级，以及粤港澳大湾区发展带来的政策契机，广东东莞需要通过新变革来夯实其产业基础，以在日新月异的市场变化中把握住机遇。

作为全国重要的"生产基地",制造业是东莞城市发展的支柱产业,这种优势的保持既需要人才、新技术的不断涌入,又需要将真实产品不断推向市场。让产品提升档次,或是功能升级,一个不错的选择是引入新材料。

中国新材料产业需要在产业集群发达、生产力和生产关系不断优化、城市创新意识和能力突出、工业水平和信息化程度较高的城市中生根发展。东莞不一定是最适合发展新材料产业的城市,但作为一座综合实力不断提升、产业技术不断升级、整体潜力巨大的城市,它可以保障新材料在当地更好地开花结果,促进产业链的协同发展。

整体来看,政府在促进新材料产业进一步发展的过程中,要做的事情是少干预、多鼓励。少干预是不干涉新材料产业的发展,不强行要求新材料产业出成果、出亮点、出绩效,让研发、实验、生产等环节符合市场规律,让专业人才做好专业工作。

多鼓励是在不干预市场的情况下,保障产业正常运作的同时给予相应支持。例如加大对新材料行业人员的培训及招募,不断补充行业新鲜血液;对需要新材料的企业、产业展开调研,掌握各行业对新材料的需求情况,为新材料从基础研究向成果转化提供抓手；维护行业的良性竞争，鼓励科研单位精益求精、锲而不舍、攻克难关，研发出领跑时代的新材料。

同时，定期举办各类新材料论坛，为科研单位、制造企业、金融公司打通营商环境，并借助政府的产业扶持和指导，推动科研单位将成果引向合适的商业化方向；帮助制造企业寻找创新驱动的新技术；利用金融工具为科研单位和制造企业解决融资难或资金紧张问题；在政府引导下降低沟通障碍、打通交流渠道、理顺产品路线，保证科技成果转化顺利完成，使得创新链条、产业链条、资金链条有效对接。

第九节 乡村经济助力实现双效益

数十年前，我经常乘坐火车往返于河南、广东之间，除了看书、写作外，还会望着窗外的风景发呆。无论是平原还是丘陵地带，三三两两房屋组成的小乡村，或者楼房连成一片的小城镇时隐时现。印象中的湖北的成片油菜花地，和湖南的数不清的鱼塘，让我感到乡村很纯粹，很美，生出在那里度过此生的想法。

不过，现在的乡村更美、更令人向往。近年来，我受邀参加了"大V行"活动，走访了祖国南北的乡村与城镇，用"震撼"来形容内心的感受还不足够。2015年11月，中共中央、国务院通过《关于打赢脱贫攻坚战的决定》后，扶贫工作人员深入各地，根据乡村的地理位置、风土民情、特色产业等实际情况，全面激活了乡村活动，帮助村民全面脱贫。接下来的工作，是要在全面脱贫的基础上排除万难努力实现全面小康。

实现全面小康，需要全面展现乡村之美。我认为，美丽乡村应紧贴人们的生活，即与我们永远离不开的"衣食住行"相结合，并进一步激发乡村的"特色""风景""环境""印象""故事"之美。

发展乡村经济可以从如下两方面入手，一个是农产品生产或者加工，我们可以称其为"内在美"；一个是乡村旅游，我们可以称其为"外在美"。这两种美各具特色，都能创造不小的经济效益，如何选择还是要根据乡村的实际情况而定。

虽然农产品及加工品种类极多，但是放眼全国农产品市场同质化竞争的情况屡见不鲜。就比如2022年的疯狂涨粉的"新疆阿力木"，其带货的蜂蜜令众多粉丝心动不已，但流量未必都会转变成消费者争相购买的商品，原因是中国的优质蜂蜜太多了，消费者有大量可选择的同类产品。同理，市场竞争导致疯狂拼质量，以及不断地拼价格，看似繁荣的市场实际上却损害着"三农"的利益。

因此，要实现"内在美"，首先要保证产出高品质且安全的农产品；其次要保护好这些生产者们的利益，确保他们有动力继续生产；最后要以适当的方式扩展销售渠道，例如通过和某些组织、机构、企业结对共建，建立较为稳定的销售渠道。

同时，要着手从多方面培养专业人才和技能。**一是通过了解乡村地理环境、生态情况，确定每年主要培育的农产品品种；二是要有专业的技术人员指导当地居民种植、饲养，提高存活率和产品质量；三是通过新技术提高农业生产效率，利用已有资源实现农产品的加工；四是能够打通销售渠道，实现农产品的获利。**

许多人喜欢在节假日"逃离"城市来到乡村，这是因为他们喜欢乡村的风景和环境，更是因为他们有一直难以割舍的乡土情怀。居住在田边小屋，白天你能享受到犹如图书馆般的寂静和放开身心的自由，夜里你能够远离喧嚣的灯光并清晰看到夜空的银河流淌；跟着农民劳作，能让人产生"采菊东篱下，悠然见南山"的淡然，也有"锄禾日当午，汗滴禾下土"的感悟。

农田、果园、大棚、鱼塘等，既是乡村经济发展的基石，又是永远不可能从人们记忆中抹去的印象之美。随着越来越多城市居民对田园生活日益向往，农家乐也好，旅居乡村也好，对外在美的追求将乡村转变成一座更贴近自然的可供人们休养生息的特色"主题公园"。

随着中国旅游产业的不断发展，逆向旅游的人群数量也在增多。所谓逆向旅游，就是到那些非著名的乡村、城镇走走逛逛，这种似古人徐霞客般的"交通基本靠走"的旅游方式回归了旅行的本质，许多风景独特的美丽乡村，成为逆向旅游人群的目的地——人不多、价不贵、景色美，这正是所有乡村的一个大好机会。

需要注意的是，乡村旅游收益尤其是非知名乡村的旅游收益具有不确定性，它难以达到像海南三亚、浙江杭州知名旅游景点那样旱涝保收的收益水平，因此专业人士需要充分挖掘乡村的人文底蕴，为乡村旅游注入更多的价值。同时，在开发旅游资源的过程中，乡村生态环境的维护必须得到全力保证，以实现人与自然的和谐发展。

实现"外在美"，乡村需要牺牲一部分村民的利益，要知道乡村不光是风景区，也是当地居民生活、工作的地方。乡村旅游发展会在一定程度上打破村民的生活节奏和方式，一些村民会逐渐转变成服务业从业人员。

可是，部分新农村建设变成了再建一座新城：成片的楼房、宽阔的大马路，将人们对乡村烟火气息的向往与依恋和现实隔离开来。有机构统计，近三十年来许多自然村都消失了，尽管我们期望城镇化率的提高，但我们也希望乡村能作为社会发展、文化进步的重要依托，被完整、全面地保留下来。相信通过美丽乡村的建设，加之更多优秀的农业人才的助力，那美丽的"禾下乘凉梦"定能早日实现。

第十节　假日经济或将提振中国经济活力

关于法定假期该有多少天，不同人有不同的看法。老板们会觉得假期太多、员工为他赚钱的时间太少；打工人会认为假日太少，休息时间总是不够。如今，大量所谓狼性、感恩、奋斗之类的"企业文化"严重跑偏，将鼓励变成命令，让大家多工作、少休息。所以超时工作的状态已经成为不少打工人的常态，甚至还有一些在每日八小时外、周末以及法定节假日的加班得不到加班费。

国家之所以允许调休，更多是出于促进旅游和消费的想法。我认为，调休目的是好的，但执行起来则不会那么顺利。据了解，许多企业尤其是民营企业，要求员工在法定假期加班。

随着人们物质生活水平提升，消费能力进一步增强，人们的购物方向将会从关乎"衣食住行"的生活必需品，转向体现"吃喝玩乐"的精神消费。可问题在于：每天超时工作、连续多日无休的劳动者，又怎会有时间和精力去购物消费呢？假期越少，假日经济越是没起色，刺激经济的作用也难以得到发挥。

但另一方面，我们要思考，我们每年到底休多少假才合理？中国经济之所以能够长期保持高速增长，这都是靠无数劳动人民起早贪黑、加班加点、不分昼夜、放弃休假拼搏出来的。**在现阶段受多种不确定因素影响的背景下，保持高质量、稳健的经济增长是一项重要任务，越多的人努力工作意味着越多的价值能被创造出来。在没有实现全面现代化之前，我们可能还需靠放弃假期去拼搏来改变未来。**

为什么不能够增加更多的法定节假日？假期不是很利于旅游业发展吗？以金融体系为例，在法定节假日期间，中国证券、期货市场也将休市，许多金融活动都将被叫停。这种休市多少会带来一些负面影响，但因法定节假日有限，负面影响相对可控。

每逢假期，朋友圈中刷屏的通常不是风景如画，而是人潮汹涌——景点承载能力吃紧、交通工具运力紧张、高速公路多处拥堵，商家赚得盆满钵溢，游客的体验感却被大打折扣。好不容易盼到三天到七天的假期，本想着过上一番惬意生活，最终体验的却是拥堵。

然而从假日经济和居民消费体验来看，太多固定时间的法定节假日，不一定能提升人们的假日体验，例如买不到票、预约不着酒店等。不难发现，法定节假日时间固定导致的景区人满为患，或将令假日旅行"大打折扣"。

如果游客可以错峰出行，想必拥堵情况会大幅好转。一方面，节假日时期的拥堵状况将得到缓解，各方面的经营压力能得到改善；另一方面，游客选择淡季出行，将有助于进一步平衡运力，以及改善部分景区游客数量少等经济不旺的情况。

中国年假制度是工作满一年后以五天起步，十年后增加至十天，二十年后增加至十五天。我建议，增加年假天数，如工作一年后以七天起步，每多工作一年增加一天，最多不宜超过四十五天。

随着年假数量的增多，假日经济将推动中国旅游业进一步发展。同时，错峰假日不会太影响到国家正常的工作秩序，市场也能够继续开放，证券可以继续交易，商贸可以继续流通，人们也能继续奋进。

当然，年假数量的增多需要中国经济发展新高度的支撑。相信在不远的将来，我们这一代人的默默付出也能够让子孙后代过上好日子。

第三章

资本市场行稳致远的新途径

第一节 法治改革促进证券市场秩序公平公正

近年来，中国对资本市场的重视程度可谓前所未有。监管层对证券市场规制趋严，被立案调查的上市公司越来越多。2020 年 3 月开始实施的新证券法，以及 2021 年 3 月正式实施的《刑法修正案（十一）》也加大了对证券市场违法违规行为的惩罚力度。监管层对证券市场的监管趋严，意味着法治建设的进一步深化。任何一个行业、产业都没有法外之地，这既是国家对金融系统、资本市场的重视，也是中国全面依法治国的重要体现。

但凡侵蚀国家、集体、人民、企业、组织的利益的个人，就需要依照相应法律法规得到惩戒。**资本市场秩序事关**

中国金融安全和经济稳定。保障好投资者权益，推动上市公司建设，对中国宏观经济发展、金融安全意义重大。就当前情况来看，中国股市要发展为成熟的资本市场，还有很长的路要走。只有法律保障、制度完善、市场透明等大环境得到改善，中国资本市场才能在未来的深化改革中取得实效，如全面推行注册制、取消涨跌停限制等方面。也只有严厉的法律监管才能保证那些别有用心的人或机构不敢出来"薅羊毛"，保证改革稳步推进。

新证券法和《刑法修正案（十一）》双管齐下，将对证券市场的法治改革起到积极作用。2020 年 3 月份实施的新证券法加大了对违法行为的处罚力度，提高了违法成本，增设了投资者保护专章。《刑法修正案（十一）》扩大了证券市场判刑范围，加重了违规人员的刑事责任，将对违法违规情况进行更为严厉的惩治。相信在加强对证券市场违法事情处理力度后，市场秩序将再一次得到优化，证券市场将更加公平公正，良好的法律保障将助力投资者决策和企业经营。

我关注到，《刑法修正案（十一）》在刑期设置、罚金等方面均有提高，如提高欺诈发行股票、债券罪，违规披露、不披露重要信息罪等资本市场违法犯罪的刑罚，提高罚金额度；明确控股股东、实际控制人等"关键责任人"的刑事责任；压实保荐人等中介机构的职责；进一步明确对"幌骗交易操纵""蛊惑交易操纵""抢帽子交易操纵"等新型操纵市场行为追究刑事责任。修正案实施后的证券市场造假行为将会大幅收敛，现在的惩罚力度起到了震慑作用，但不能完全消除违法犯罪情况。总会有投机分子敢"以命相搏"。

中介机构在证券发行过程中屡现财务造假等提供虚假证明文件的行为。之所以在证券发行中屡现财务造假等情况，其原因主要是中介机构为了牟利。帮助企业上市存在诸多盈利空间，在诱惑面前，意志不坚定的机构、个人会为了赚钱铤而走险，全然不顾法律要求、职业道德，以及投资者利益。

中介机构发生违法犯罪行为，有被动和主动两方面原因。被动原因是拟上市企业因自身财务数据、相关文件存在问题，要求中介机构按照上市标准编造虚假文件，以达到上市目的。中介机构为维系客户而被迫编造虚假文件。主动原因是中介机构发现拟上市企业存在问题，为保证在后续一系列程序中持续获得收入，中介机构在与企业协商后主动帮助其编造虚假数据，以帮助企业实现 IPO。

因此，为防止中介机构违法犯罪，一是从源头要求中介机构、从业人员严格死守职业底线，不进行违法操作，一旦查处将被终身禁入；二是继续完善监管机制，做好事前、事中及事后监管，在不涉及企业机密的情况下，对公众全过程透明地公开财务数据，让中介机构不敢、不想、不会跨越雷池；三是在法律范围内严惩违法人员，并通过全行业通报、媒体宣传，警示相关中介机构和人员。

A股市场一旦出现违法违规的事情，投资者往往是受伤最重的，维权在这种时候成为他们挽回损失的唯一选择。 如果说中小投资者买股票是为上市公司融资的"众筹"行为，那么集体诉讼就是中小投资者集中维权的"众筹"行为，两者都是汇聚微小个体的力量办大事。

以前，中小投资者维权之路非常困难，维权金额低、维权时间长、维权力量小，维权勇气少，而集体诉讼制度的推行，将会减少维权者的维权成本，提高维权效率，令更多权益得不到保障的投资者敢于参与维权行动，更能有力地维护投资者的权益。

投资者集体诉讼的维权意识加强，以及维权行动的落实，必然会对上市公司尤其是有过造假经历上市公司产生震慑作用，使其不敢"随心所欲"，只能严格按照市场规定披露相关数据和文件。因此，司法实践中的集体诉讼制度对中小投资者而言是一件好事。其可倒逼上市公司提高经营生产的效能，还有利于中国资本市场的完善和优质企业的发展。因此该项制度值得被进一步梳理、优化、落实。

第二节　全面注册制推动潜力企业稳健发展

10 年前，业界还在讨论核准制与注册制的利弊，我也一度认为 A 股实现全面注册制需要经历漫长的过程。然而这个 10 年既短暂又漫长，短暂是因为 A 股主要股指给人的感觉还是那么无精打采，长期在低迷位置盘整；漫长则是因为超过 2500 个交易日的跌宕起伏，令人们对 A 股市场又爱又恨。

我认为，证券市场的最重要目的不是让上市企业及其高管圈钱，也不是让股民随便赚钱，而是要以点带面推动潜力企业稳健发展。企业上市，利用的是证券交易市场的融资功能。即通过上市募集资金，并在后期通过定增、转让等方式获得资金，有价值、有潜力、有前途的企业登陆资本市场并顺利获得资金。**此举能为企业注入更多动力，能让企业存活的概率更大，能让投资者获得较为可观的收益，并且助力国家的经济长远稳健发展。**

2020 年至今，受多方面因素影响，我国经济拥有发展动力和反弹潜力，然而也面临着大量的挑战。消费、投资、内需均需要提振，而降准、降息、释放流动性等举措的最终目的还是进一步刺激消费、投资等。全面注册制的落地，意味着在一个有着诸多意义的时间节点上，具有核心竞争力的企业更容易获得资本的助力。

也就是说，全面注册制将更好地通过金融推动实体产业发展，而主板、科创板、创业板、北交所、新三板以及区域股权交易中心共同组成的多层次资本市场，将较为精准地服务不同规模、不同行业、不同前景、不同阶段的上市企业。对应的，那些日薄西山的企业，如无法扭转不利局面，大概率将迎来残酷的退市。

全面注册制是否符合中国资本市场的客观发展规律尚待观察。当前，只能说在发展历程比 A 股市场更悠远的境外资本市场中，注册制是主流。看着不断走高的境外资本市场，许多投资者认为注册制会给 A 股带来类似"福报"。确实，境外资本市场中不乏许多跨国大型企业，其既在股价上为投资者谋得了收益，又在分红方面让投资者满意，这些生存在注册制下的境外上市公司，自然会吸引国内股民的注意力。

其实，很多羡慕源自"幸存者偏差"，境外的资本市场也是经历了数不清的血与泪，才出现少数个股的辉煌。因此无论核准制还是注册制，证券市场永恒不变的关键词，"股市有风险，投资需谨慎"是不会变化的。股价在正常情况下，反映的是市场对企业未来的预期。若是公司稳健运营、持续赢利、前景乐观，这家企业不管在哪个层次，都会得到投资者们的青睐。那么是否存在比注册制更好的方式？我相信一定有。但受限于当前的思维模式、技术条件、市场规模等，我们暂时还没有找到替代方案。

结合海外资本市场的实际案例，我认为在全面注册制下，具有以下三大特点的企业值得投资者关注。

一是，企业有明确的战略目标和实施路径，并拥有出类拔萃的专业人才团队。优秀的领导者和员工，是企业能在残酷环境中生存的基础。许多企业在成立之时都充满雄心壮志，都喊着"时代创新""颠覆行业"，可好高骛远、不切实际的占了大多数。

二是，企业有持续获得收入的能力，并且这种收入水平能够保持高速增长。上市公司的股价虽然不一定能反映出实际，但能在一定程度上反映投资者对公司的期待。有些企业看似业绩普通但股价高企，有些公司看似业绩喜人但股价低迷，这些都反映出投资者对公司的看法。举个例子，房地产企业某年看似大幅赢利，但拿地能力差、销售能力一般，投资者会担心其下一年的业绩惨不忍睹，因而无法支撑股价。而有些产业看似当前盈利一般，但产品属于老百姓使用的日常用品，因而股价容易被炒作。

三是，企业在信息披露方面到位，并且与投资者保持良好关系。上市公司的造假、虚报、隐瞒等恶劣现象将严重影响投资者信心。全面注册制下部分不良企业可能会造假圈钱，上市公司要做好信息披露、遵守资本市场的规则，及时向监管机构、投资者回应各类传言，与市场形成良性互动。将资本市场、信披渠道、投资者关系、媒体监督、机构调研、投资者考察等作为企业宣传和推广的"官方渠道"，其将对企业后期的发展、各类资源的整合产生积极而长远的影响。

第三节 制度监管构筑金融安全防火墙

为建立健全中国证券期货业网络安全监管制度体系，防范化解行业网络安全风险隐患，维护资本市场安全平稳高效运行，中国证监会起草《证券期货业网络安全管理办法（征求意见稿）》（以下简称《征求意见稿》），并于 2022 年 4 月公开征求意见。而后，经过一个月时间的征求意见，经认真研究，中国证监会对其中部分意见予以吸收采纳。新的《证券期货业网络和信息安全管理办法》，已于 2023 年 5 月起正式实施。

按照起草时的内容以及起草说明，《征求意见稿》核心是针对核心机构、经营机构以及信息技术服务等机构，拟通过数据安全统筹管理、网络安全应急处置、关键信息基础设施网络安全等方式，由市场、行业、监管部门等鼓励相关机构发展和促进网络安全，同时在法律法规、中国证监会等的监管下，保障证券期货业网络安全，保护投资者合法权益，促进证券期货业稳定健康发展。

《征求意见稿》意在强化证券期货业核心机构、经营机构以及信息技术服务等机构的网络安全责任意识，压实上述机构在网络安全工作方面的各项责任，鼓励上述机构的网络安全技能与时俱进、不断提升，同时通过法律监督保护好机构、企业、投资者等各方的合法权益，以此保障在"互联网＋"时代，中国证券期货业的在线业务能得到高质量的发展。

综合来看，《征求意见稿》对中国资本市场网络安全有着积极的推进作用，其进一步明确了各机构必须、应该、可以在网络安全工作中所做的事。例如软件方面的提升、硬件方面的维护、周围环境的布置。《征求意见稿》很明确地指出了机构在构建网络安全大格局中应尽的责任，包括对核心机构、经营机构明确信息系统备份能力有关要求，提出压力测试常态化要求；从制度体系、人员配备、合规安全等方面，对信息技术服务机构提出监管要求；强化核心机构、经营机构采购产品和服务的准入、评估、改进要求，提升自主研发和安全可控能力，加强知识产权保护。

整体来看，《征求意见稿》对核心机构、经营机构以及信息技术服务等机构的工作安排全面、覆盖面广、可操作性强，理论上能够筑起效果明显的金融安全防火墙。具体到操作实施，我认为，核心机构、经营机构等应具备匹配的互联网安全技术方面的能力并能认真执行。

与此同时，《征求意见稿》发出当晚，我对其进行了深入的研究，发现《征求意见稿》也存在一定的改进空间，其大面积聚焦核心机构、经营机构以及信息服务等机构该如何维护网络安全，在实际的资本市场交易中，个人及机构投资者的参与同样重要。**《征求意见稿》缺少对个人及机构投资者的监管要求，也缺少鼓励经营机构对投资者等服务对象进行网络安全教育或培训等方面的内容，缺少第三方如投资者、网民对网络存在的安全问题进行举报、投诉、维权等的机制和措施。**

另外，由于互联网技术发展日新月异，《征求意见稿》前瞻性体现较少，比如，缺少对行业未来发展或是技术变革产生变化的应对，对网络新技术或者网络新科技产生的"空白"缺少相应的思考，因此未来行业或技术性的重大变化若发生，《征求意见稿》有可能会因为跟不上时代发展、重修耗费时间等因素，令监管进入到一个尴尬的时间段。

2021年6月中国证监会正式公布了《证券期货业网络安全事件报告与调查处理办法》。根据相关内容，系列文件的出台是为了进一步规范证券期货业网络安全事件的报告和调查处理工作，减少网络安全事件的发生，维护国家金融安全、社会秩序和投资者合法权益。如今，《征求意见稿》反映出监管机构对资本市场网络安全的高度重视，未来也将会通过一系列各类有关网络安全的文件，强化对证券期货业的网络安全管理。

总体而言，《征求意见稿》对中国证券期货业网络安全情况做了充分考虑，对市场上存在的风险隐患也有考量和应对。操作可行性需要以《征求意见稿》为大纲，充分考虑各种存在的问题，联合各核心机构和经营机构组织多次不同形式的应急演练，用事实说话才能放心正式实施。事实上，后来中国证监会也做到了这一点，并为此组织开展了相关专项培训，持续做好督导落实。

金融产业的网络安全不容轻视，网络安全对人们的日常生活和工作极为重要，证券期货行业尤为如此。我认为，网路安全对证券期货的影响有三方面：一是即时性；二是真实性；三是有效性。

具体来看，即时性指的是对网络安全相关问题的响应速度需要做到"瞬时"。近年来，中国证券交易市场出现过多次市场成交增大时段，部分券商交易系统无法正常操作，如无法登录、登录后界面空白、提交报价后无响应等情况，这些情况导致投资者错过关键时间而出现无法赢利、损失扩大、投资失败等困境。

真实性是证券期货相关人员包括监管、交易双方，安装、使用的相应软件必须保证其是不含其他插件、无后门以及安全漏洞的官方软件，保证使用者所浏览到、接收到的信息为真实信息，而不是钓鱼软件制造的虚假、诈骗等危害性内容。

有效性是证券期货行业需专注资本市场投资行为，提供专业的金融、投资、理财建议或是经过深思熟虑的研究分析报告。不建议引入其他元素，如游戏、转发、接力等娱乐性质的方式，将金融娱乐化而降低投资者对风险的敏感度。

第四节 A 股改革注重为股民精准服务

2023 年，A 股全年的整体表现又属于"意料之外，情理之中"，在监管部门的各种政策刺激、在金融流动性进一步增额，以及经济形势符合预期等大环境下，A 股依旧表现不佳。A 股的这种表现对股民而言，已经是见怪不怪的事情。利好不具持续性，上涨缺乏后续动力……总之，A 股似乎总是"心有余而力不足"。

中国证监会就全面实行股票发行注册制主要制度规则向社会公开征求意见，这标志着 A 股市场全面实行股票发行注册制改革正式启动。众多市场分析认为：这项改革将进一步完善资本市场基础制度，提高市场透明度和效率，促进市场健康发展。

2023 年 4 月 10 日，沪深交易所主板注册制首批 10 家企业上市，市场分析表示这标志着股票发行注册制改革全面落地，这有助于提高市场透明度和效率，优化市场结构，为投资者提供更加公平、公正的投资环境。不过从沪深两市主要股指来看，上证指数在 2023 年 4 月后有所上涨，但后续动力不足，一度从 3300 点上方跌落至 2900 点上方。

全球经济增长放缓和通胀压力上升导致投资者对风险资产的需求下降，这些都会对 A 股持续产生负面影响；再例如全球多地地缘政治紧张局势和不确定性也对 A 股持续产生负面影响；再例如人民币年内出现贬值，其也给股市带来了一定的压力。总而言之，内部的激励似乎总对 A 股的刺激有限，外部的局势大概率能左右 A 股的低迷。

为了让 A 股有更好发展，中国证监会、交易所也是想方设法优化和规范资本市场。一是中国证监会加强了对市场的监管力度，严厉打击违法违规行为，加强对投资者的利益保障；二是中国证监会将扎实推动新一轮三年行动方案落地，该行动旨在提高上市公司质量，突出有中国特色的公司治理建设；三是上交所、深交所都推出了减免相关费用的政策，旨在推进对外开放，积极推动优化企业股东结构，以及丰富融资渠道等工作。

不难发现，上述措施很多也很好，但对股民而言这些都算不上什么"大事"，真正的"大事"是上证指数又跌到了 3000 点之下。登陆 A 股的企业再多，上证指数还是像 15 年前那样跌破 3000 点，深证成指还是如 15 年前那样跌破 10000 点，这样的股市又能让多少股民有参与的信心？因此，A 股面临的"急难愁盼"问题不是要让多少企业 IPO，不是要帮助多少企业再融资，而是要让市场有真正的投资信心，要让股民"能参与、敢参与、爱参与"，要让投资者手中的股票"拿得起、拿得住、拿得久"。

我认为，中国证券市场下一步的改革目标需要在"为人民服务"方面下功夫，即以更加精准的措施为股民服务。例如在鼓励散户股民买股票拿得住、长期持有优质上市公司股票方面，可以考虑根据其持股时间长短阶段性减免所需的各种税费和所得税，此举将减少长期持股的成本，从而鼓励价值投资；同时增加超短线及高频交易所需的手续费以及得利的税费，增大快进快出所需要的成本，这将减少短期内过多买卖对市场造成的波动。

在发生真正实质性转变之前，A 股后期的投资逻辑预计不会发生太大的变化，投资者可以关注以下三大板块的投资机会。

一是经济复苏型企业板块。随着经济的复苏，部分重要行业和公司可能会表现出色，例如国家一直重视的金融行业、制造业、电子信息技术等，这些企业主要是以大盘、蓝筹、绩优为主，短期内涨幅未必会大，但行情通常会比较持久、稳定，且每年的分红亦比较乐观。

二是技术创新型行业板块。许多时候，A股出现的热点不是以技术突破为导向，而是依靠"天马行空"的故事。虽然说技术创新是推动科技发展的重要因素，但这并不是能推动相关行业、板块、概念走高的依据。越是短期内舆论热议的，看不懂的，中短期上行的概率或越高。这类企业以互联网企业为主，热点爆发时A股可能出现一大波"非理性上涨"。

三是消费升级型产业板块。2023年"五一"长假的"人从众"展现出新一轮旅游消费潜力。随着中国经济结构的转型和消费升级趋势的加速，与消费升级相关的行业和企业可能具有较好的投资机会，例如旅游、餐饮、教育、医疗等领域的优质企业可能受益于消费升级的出现。但是，具体情况还需具体分析，毕竟 A 股市场里什么都会发生，投资者时时刻刻都需要保持高度警惕。

此外，从 A 股大周期的走势来看，2024 年走牛的概率或将进一步增大，若市场出现新一轮牛市，市场报复性上涨的情况或将出现。若是在投资时盲目跟风，或许又会在"千金难买牛回头"的幻想中被深度套牢。

第五节 "以投资者为中心"理念助力 提振股民信心

A 股低迷已经持续了很长的一段时间，在市场不断呼吁上市公司应通过增持表达信心的同时，我观察到，有一些上市公司的重要股东却选择了减持，此举无疑令无力上行的 A 股更加雪上加霜。这种"损人利己"的操作毫无悬念地令市场投资者感到失望。在股市行情本身就负重前行的情况下，一方面上市公司在资本市场收割得盆满钵溢，另一方面广大股民却不断被上市公司"割韭菜"。在这样的市场环境中，A 股市场想要雄起很难，或只会频现"熊出没"。

资本市场实际上是一个企业融资和投资的重要平台，要想让这个平台长盛不衰，保障好两个群体的切身利益是必需

的。第一个群体是上市公司，要通过法律、制度、条例等规范上市公司运作；第二个群体是投资者，即需要做好对投资者的各项服务。此外，平台还有很多工作要做，例如严厉打击违法违规的行为，不断优化资本市场的管理体系等。

在 A 股市场，提及服务投资者、以投资者为中心，往泛里说就是保护投资者、优化市场环境、做好上市公司信息披露、加强监督管理、搞好投资者教育等。事实上，这些已经属于"老生常谈"的话题，但一部分上市公司做得依然不尽如人意。例如，在信息披露方面，我经常收到许多网友的抱怨。在咨询某些问题时，他们经常收到上市公司证券事务代表官僚式的回复，诸如"已在公告中披露"等。

针对以上情况，我认为，首先应通过一些限制式方式"消除"股市某些所谓特权，或是将 A 股转变为"以投资者为中心"的市场，例如股票限售等。其次，如何稳定股市是近两年广大投资者经常探讨的话题。特别是 2024 年春节假期前夕，许多分析均表示看好 A 股的节后走向，不少理由几乎都来自"年终奖"带来的增量资金入场会带来利好。但是，只可惜当下大量股票市值持续缩水，这大概率会劝退不少散户，从而令市场资金紧张的局面更加明显。一般而言，A 股长期低迷跟市场中的资金太少直接相关。

最近几年，A 股的现实情况是市场增量资金太少，同时还不断有资金流出，这自然让本就低迷的 A 股更加"绿油油"。**虽说重要股东不减持和 A 股稳定没有直接或间接关系，但这些重要股份的稳定对于维持市场股民信心却起着积极作用。**

基于此，在上市公司股份限售方面，A 股市场亟须从以下四大方向发力，提振市场信心。

第一，延长限售股的解冻时间。我认为，当前上市公司限售股冻结期太短，此举不利于上市公司做好市值管理。从历史行情来看，上市公司市值越小，重要股东的减持行为越容易引发股价下滑。我建议根据上市公司市值来确定限售股解冻时间，以此为维护股价稳定奠定坚实基础。例如，发行市值不到 300 亿元的企业，限售股解冻时间不少于 6 年；发行市值不到 800 亿元的企业，解冻时间不少于 5 年；发行市值不到 1500 亿元的企业，解冻时间不少于 4 年；其他企业解冻时间不少于 3 年。

第二，明确限售股的解冻份额。有些股东的限售股一旦解冻，该股东就会立刻套现离场，甚至会因为实现财务自由而选择提前退休，继而对企业发展大局产生重大影响。我认为，限售股的解冻应分批分次进行，例如限售股每年可解冻一批，每次解冻份额不超过剩余限售部分的 20%，企业上市时间超过 10 年且当时市值超过发行市值 3 倍及以上时，份额可以全部解冻。

第三，设置股东减持条件。在公司经营情况不佳、股价表现不好的情况下，上市公司的减持行为或将直接影响公司员工情绪和投资者心理，从而不利于公司的经营和股价的稳定，因此有必要对此做出适当的限制。例如，若上市公司年度净利润为负，或者增长率不及行业平均水平时，或没有分红计划时，上市公司重要股东下一年度便不得减持；在连续120 个交易日公司累计涨幅为负时，上市公司重要股东也不得减持。

第四，限售股不得转移。此前，经常有上市公司高管将所持限售股质押给融资机构，以达到变相套现的目的，监督部门需要严格监督这些限售股。除非持股人员离婚、离世等不得不进行股权分割、继承外，限售股出现任何形式的转移都将被禁止，限售冻结期间的任何合同、协议均不受法律保护。

上述限售条件看上去对上市公司高管不公平，但他们作为公司高管所获得的薪酬、待遇、福利等本就高于公司普通员工，对他们所持股票的限制在一定程度上有利于保护更多中小投资者利益。严格的限售条件，将会倒逼公司高管在公司经营中投入更多的精力以保证股价不缩水，因此他们必须做好经营管理工作以防止业绩下滑，同时还要做好信息披露工作以防止被恶意做空，最后更要做好宣传工作以防止口碑受损。事实上，以上这些举措，在保证他们自身利益的时候，投资者利益自然也得到了保障。

当然，对公司重要股东限售股严格限售的建议，只是"以投资者为中心"的形式之一。实际上，只有让上市公司与投资者对等，让上市公司大股东、高管与投资者对等，以投资者为中心的目标才能更好地实现。不过，让资本市场以投资者为中心，并不一定就能够让A股扭转当前的不利局面，但是却能够倒逼上市公司做好经营管理等各项工作，从而为将来良好的业绩发展奠定基础，继而增强市场投资者信心。

第六节　规范量化交易促使价值投资
深入人心

　　量化交易实际上已经不是什么新鲜事物，在十多年前"互联网思维"一词正火热的时候，量化交易这种技术已经被某些机构或专业操盘手使用。**量化投资并不神秘，而实践也证明在复杂多变的资本市场中，量化交易不是常胜将军般的存在，否则量化交易的相关工具早就实现全民化了。**

　　量化交易是遵守指令进行操作，因为它没有感情，所以不会受心理影响；因为它不会手抖，所以不担心会出现"乌龙指"。与传统操作不同的是，量化交易可以每秒钟完成数百次的操作，别说普通人，连超人都难以做到这一点。但即便量化交易的指令再厉害，它也只是针对某一行业或某类股票，在某一段时间、符合某些指标的情况下的交易，如果股市单边上涨或是下跌，量化交易就缺少了用武之地。

例如，我常思考一个问题，如果在一个资本市场中，所有交易都采用同一种策略，那么量化交易是否还会发生？当投资者认为应采取如下策略时，即某只股票将上涨，因没有卖方卖出股票致使交易无法发生；同理，当投资者认为某只股票将要下跌时，任何买方都不愿做出买入指令。因此，想要量化交易发挥出作用，三个条件必须得到满足。一是市场有明显的波动情况，这便于高频交易的操作；二是需要在资本市场中存在着大量的中小投资者，这会便于高频交易后的"割韭菜"；三是市场急功近利，例如短线交易多、价值投资少的状态更利于量化交易。

很显然，**当前的A股市场格局是机构投资者少、散户投资者多，这种格局极容易被量化交易所利用**。看似活跃的成交数据，也许并不是投资者交易的意愿，而是量化交易左手转右手、右手转左手的结果。量化交易不是洪水猛兽，但使用量化交易的人或许会别有用心。若是量化交易被广泛开展，那些持有限售股的企业高管，大可将自己持有的股权质押给量化投资机构，接着双方通过量化交易不断收割公司投资者的血汗钱，这既符合限售股的要求，又能活跃公司的成交量，同时还能将收割的收益快速变现，他们何乐而不为。

综上所述，我们可以发现，量化交易在一定场合中对资本市场的发展能起到积极的作用，但同样也会造成以下三方面的负面影响。

第一，量化交易可能会扰乱正常的资本市场秩序，违背市场的公平原则，同时市场还可能会出现异常波动，这将不利于市场的稳定，进而或会引起市场信心大幅受挫。

第二，量化交易的策略是由人制定的，策略的制定来源于历史数据，然而历史数据并不能说明一切，毕竟没有两片叶子是完全一样的。资本市场风云变幻莫测，其交易本身就存在一定的风险，在量化交易的操作下，我们不能排除这种风险被放大并且造成失控的可能性。

第三，量化交易与我常提到的价值投资背道而驰。站在经济发展的大背景下，价值投资既有助于为上市公司的发展添砖加瓦，又能帮助投资者实现超乎想象的收益，其前提是要对上市公司有充分的了解。我曾多次参与上市公司调研工作，了解到基金、私募等投资机构非常看重企业发展前景，尤为关心企业自身经营情况、是否稳定发展等问题，他们判断的依据不会是干巴巴的 K 线、成交量、均线，在投资时更不会超短线操作，而是更加看重企业未来的发展、市场占有率以及市值等。

总而言之，监管层规范量化交易并不是通过政策手段干预市场自由，最终目的还是为了维护市场稳定、公平和透明度，从而为保护投资者利益、降低系统性风险、促进金融体系稳定等打下坚实的基础，这些都促使价值投资理念更加深入人心，助力中国资本市场行稳致远。

第四章

世界一流强企的打造

第一节　制度建设重塑现代化国企

　　每年都能听到政府关于"推进国有企业改革"的声音：国有企业为什么要改革，为什么要持续改革？简单来说有三方面原因。一是要持续提高国企质量，二是要持续提升国企效率，三是要持续优化国企规范。随着中国改革开放进一步深化，国有企业在市场中发挥的作用也越来越重要，整体来看，优化资源配置、抓住发展机遇、协调社会供需是国有企业在"新时代"接受改革的要求。

　　国有企业改革要改什么？简言之就是进一步市场化，同时降低政府对市场的干预。与西方资本主义国家的性质不同，中国正处于并将长期处于社会主义初级阶段，国有企业在社会发展中扮演着攻坚克难、承担使命、服务群众等重要角色。国有企业属全民所有，其产生的效益、利润最终也将归全民所有，经济收益最终将通过另一种形式作用到人民群众当中，因此国有企业的改革不是照搬西方市场化那一套，而是探索具备中国特色的市场化模式。

探索必须有度，这个度便是制度，逾越乱象就容易出现。自改革开放拉开序幕，经济特区敢为天下先的闯劲儿，都是在制度允许的范围内进行的，这也为中国后期的高速发展和今天的高质量发展奠定了基础。

国有企业的制度建设，不仅要从成功实践中提炼经验，也需要吸取教训，坚持以问题为导向、以发展为抓手，突破企业建设上的痛点和难点。推进改革，必须将理论与实际相结合，站在顶层设计高度，围绕社会主义基本经济制度，将中国特色社会主义制度与市场经济有机结合起来，使其共同为推动高质量发展、建设现代化经济体系提供重要制度保障。

我建议应该从以下四个方面发力来推进国企改革制度建设。

第一，要保证国有企业市场化的绝对控股地位，严禁被其他股东所排挤。

国有企业市场化的有效路径之一，就是股份制改革，如引入战略投资人、证券市场 IPO 等方式。国企通过积极引入各方资源、拓宽融资路径、实施资源整合，可保证国有企业的绝对控股地位，保证国有企业的一票否决权永久有效。确保在引入民间甚至境外投资者后，企业依然可以毫不动摇坚持党的领导，发展方向、战略定位、实施策略始终保持不变。

第二，要进一步规范企业的治理，严防国有资产流失。

国有企业改革制度首先要摸清企业实际，要因发展而改革，切不能为了改革而改革，该遵循的规定动作不得逾越，必须遵守。如通过规范党委会、董事会、股东大会、领导班子会议等讨论，形成有效决策机制。下属单位通过基层党组织的党委会或总支或支部会议、董事会、股东大会、领导班子会议讨论形成决策，通过既定渠道报上级单位审阅、审批、审查或备案，手续完备后予以实施，从而形成完整的"讨论—决策—落实"链条，以规范公司治理。

第三，要进一步培养人、用好人、管好人，谨防别有用心之人损害公司利益。

国有企业要厘清企业法人、实际控制人、经营者和劳动者之间的关系，确定不同结构、岗位人员的责任和权利，在用人制度、绩效考核上下功夫，创新晋升机制，确保按劳分配为主体、多种分配方式并存的落实，激发人才尤其是高素质人才获利，推动国有企业创新发展，使改革取得实效。

第四，要进一步强化纪检监督，维护国有企业应有的风清气正的好作风。

一直以来，国有企业负面消息不断，如企业管理混乱、关联交易和利益输送等事件时有发生。因此，完善企业管理制度、鼓励员工或员工代表有序参与公司治理，既保证党管队伍，又做到民主参与，既可增强国有企业竞争力，又能够强化国有资产监督管理，这也顺应了当今世界格局演变的新形势——市场化、现代化、全球化。

第二节　精准政策协力推动民营企业发展

2023 年 GDP 数据公布不久后,《中共中央 国务院关于促进民营经济发展壮大的意见》(以下简称《意见》) 的出台,令国人对中国民营企业未来的发展有了更多期待。很多人用"56789"来概括民营经济的重要性,即民营经济贡献了 50% 以上的税收、60% 以上的国内生产总值、70% 以上的技术创新成果、80% 以上的城镇劳动就业率、90% 以上的企业数量。《意见》的出台是再一次通过政策引导的形式,为中国民营企业的发展注入更多高质量发展的新动力。

事实上,国家长期以来对民营企业都高度重视。2019 年中共中央、国务院先后印发了《关于加强金融服务民营企业的若干意见》和《中共中央 国务院关于营造更好发展环境支持民营企业改革发展的意见》；2021 年，六部门联合印发《关于进一步发挥质量基础设施支撑引领民营企业提质增效升级作用的意见》；2020 年，六部门联合印发《关于支持民营企业加快改革发展与转型升级的实施意见》；2018 年，国家税务总局印发《关于实施进一步支持和服务民营经济发展若干措施的通知》；2018 年，科技部、全国工商联印发《关于推动民营企业创新发展的指导意见》……各地区也按照国家有关民营企业相关的政策，根据自身实际先后出台了更加精准的地方政策和落实措施，齐心协力推动了民营企业的发展。

此次《意见》在前期相关制度的基础上，继续在国家层面加大对民营企业的支持力度，31 条意见囊括了政策、制度、工商、金融、法律、反腐、税收、科技、环境、海外、数字经济、意识形态等方面的内容。其鼓励有想法、有志气、有能力、有魄力、有行动的民营企业放心大胆开拓进取。这项政策既要求政府、社会支持、引导民营企业的发展，又要求民营企业要从自身和内部锤炼更多技能、释放潜力。**此举无疑是向市场发出了积极支持民营企业成长的强烈信号。**

《意见》第一条和第二条要求"持续破除市场准入壁垒"及"全面落实公平竞争政策制度"。这项政策可以解读为继续破除各地存在的"地方保护主义"以及逐步消除恶性竞争，确保民营企业能够在公平的市场环境中展开良性竞争，让具有竞争力、创造力、生命力的民营企业得到实实在在的发展。值得注意的是，"全面落实公平竞争政策制度"与2022年《中共中央 国务院关于加快建设全国统一大市场的意见》中的"维护统一的公平竞争制度"相似。因此我们不难看出国家对民营企业的重视程度，即民营企业是全国统一大市场的重要力量，全国统一大市场也离不开民营企业的参与。

如《意见》第三条"完善社会信用激励约束机制"相关内容，与2016年印发的《国务院关于建立完善守信联合激励和失信联合惩戒制度加快推进社会诚信建设的指导意见》相似。通过加大对诚信主体激励和对严重失信主体惩戒力度，守信企业可以受益、失信企业受到限制，良好的民营企业营商环境得以建立。

再如"强化人才和用工需求保障""依法保护民营企业产权和企业家权益""支持提升科技创新能力"等意见，都可以在国家或各部门已印发的文件中找到相似内容。这一方面说明国家持续在为我国民营企业创造良好的经营环境，通过加赋能、减琐碎、乘效能、除障碍的"加减乘除"，让民营企业有更多的时间和空间实现自己的使命和愿景，实现自身价值；另一方面，这说明支持民营企业的发展是我国长期的重点工作之一，国家将在已有的相关制度方面结合时代变化和发展实际，持续优化、不断创新，为民营企业的发展提供坚实的依靠。

整体上看，《意见》对民营企业的发展给出了制度化安排和明确指导意见，为民营企业的发展道路扫除了不少障碍。只要民营企业愿意"撸起袖子加油干"，未来的高质量发展非常可期。

从普通劳动者的角度出发，我也想给民营企业提点建议。一是不要打着降本增效的旗号，边裁员然后实施"996"甚至更厉害的"潜规则"。员工都是人，想充分释放员工潜能、让企业收获更多利润，可以多向"胖东来"学习。二是招聘不要只盯着着"双一流""985""211"不要总瞄着博士、硕士，不要只想着"常青藤"、全球前100名高校。未来中小企业，三、四线城市因优质人才不足导致科技创新不足、发展动力不足等弊端也有可能在大型企业中出现，因此建议海纳百川，这就像民营企业都有公平参与市场竞争的机会一样，所有的人都可以公平参与到企业招聘中。

有些人会拿国有企业与民营企业作对比，还一定要比出"谁更重要"，我认为这种比较并无意义。一般而言，国有企业服务国计民生，民营企业促进科技创新，外资企业推动思维转型，它们都为我国经济发展做出了贡献。无论国有企业还是民营企业，无论公有制还是非公有制，凡是能促进我国经济稳中求进、高质量发展的，就应该"一个都不能少"。在维护好国家安全的前提下，促转型、搞开放，推动良性竞争、鼓励共同成长，民营企业将会发展得更好。

第三节 "一带一路"助中国企业破浪前行

　　由于中国与海外投资环境存在较大的差异性，中国企业在"走出去"的过程中往往会面临着很多风险与挑战，这就要求中国企业在全球化布局新征程中展现出无畏的勇气、坚韧与智慧。回顾中国企业"走出去"的历史征途，风云变幻的 2019 年至 2020 年，仍然值得大书特书。这两年来的经验教训对于准备漂洋过海，勇"闯"世界的中国企业或具有一定的参考价值。

　　2019 年，贸易摩擦、地缘政治紧张局势带来的不确定性因素严重拖累了全球经济复苏的步伐，不少经济指标甚至创下 2008 年国际金融危机以来新低。进入 2020 年之后，贸

易紧张局势和贸易政策不确定性再度升级，发达经济体增长
下滑幅度超过预期，全球债务浪潮带来的风险不容小觑。对
此，我认为，虽然全球贸易受多方面因素影响，总体呈疲弱
状态，但是中国经济稳中向好，营商环境不断优化，且中美
贸易摩擦局势趋缓。未来，中国经济仍将成为未来世界经济
发展的重要动力。

根据世界银行于 2020 年 1 月发布的《全球经济展望》报
告，当年全球经济增长预计将温和上升至 2.5%，但面临债务
增加和生产率提升缓慢的困境。由此可见，当年世界经济形
势面临诸多挑战。特别是在当时全球经济同步放缓、全球贸
易急剧恶化的背景下，全球制造业均呈现持续低迷的局面。
当时我即认为，要想尽快走出这种低迷状态，大量颠覆性科
学技术尚有待创新。因为，按照当时的发展速度，全球制造
业最快也要到 2025 年才能走出低迷，这显然与当时的国际形
势有关。

回顾来看，国际贸易形势在 2020 年之时依然复杂，例
如，WTO 上诉机构瘫痪，双边与区域合作趋势明显，这对
当年中国对外贸易投资发展产生了较大的影响。但是，当时
我却认为，WTO 上诉机构瘫痪，虽然会产生很多难以预料

的后果，但凡事有利有弊。从有利方面来看，这对中国对外贸易投资发展将产生积极影响，可能也是千载难逢的历史机遇，中国可以借其发挥更大作用。实际上，中国经济发展为世界经济打开了机遇之窗，中国经济成为世界经济增长的主要"动力源"和"稳定器"。未来，WTO 上诉机构将会得以修复，贸易体系将会进一步完善，在这一过程中，中国也将会充当"先锋者"的角色。

除了在 WTO 上诉机构担当重要角色之外，中国在"一带一路"建设中亦起到越来越重要的作用。预计未来"一带一路"投资或将继续增加，更加行稳致远。特别是在 2020 年以来"一带一路"沿线贸易投资表现强劲的背景下，中国企业的对外投资力度将会更大。

众所周知，世界经济不明朗的情况依旧存在，各国都希望找到经济发展的新引擎。然而，历史经验告诉我们，"猛药"能够化解经济的迷茫，但往往只能起到短暂的作用并留下"后遗症"，在数年后或又再度令经济受伤。在这种背景下，各国都希望这种引擎能够长期有利于经济、产业的发展且没有副作用。随着各国对"一带一路"的深入了解，他们或将发现这就是推动当地经济长期发展、能够为当地经济做出贡献的重要战略。

在中国深耕"一带一路"的背景下，许多中国企业沿着这一目标破浪前行。但是，随着中国企业走出去步伐加快，地域、政治、法律等诸多风险因素不断凸显。综合来看，主要有三个方面的风险和困境。一是政治信用风险、海外上市风险、并购风险；二是语言困境、法律条款限制等；三是项目的终止、毁约、绑架等，以上风险均给国内企业带来大额损失。这些风险发生往往和企业对外投资战略模糊、缺乏国际经营经验、投资决策机制和防范风险意识不足、专业人才匮乏有极大关系。当然，也和中国在企业走出去方面存在制度缺失有关联。

事实上，早在很多年前，中国就已提出"引进来"和"走出去"战略，但时至今日，中国企业在对外投资方面还是一个"新兵"，存在明显的短板，遭遇不公平待遇等事件时有发生。当中国企业在海外遭遇不平等待遇时，中国政府可以选择罗列投资项目反制清单，并成立专门组织或协会支援在当地的中国企业，以逐渐降低海外投资风险，保护中国企业免受歧视。

更重要的是，中国企业在"走出去"过程中还要加强对

境外投资的风险管控意识。在"走出去"之前目的地市场的尽职调查一定要做好，同时要重点打造海外品牌形象，防患于未然，并提高开拓海外市场的成功率，如遵守项目所在国的法律法规，建立企业专门机构负责境外安全管理，依靠投资国驻外使领馆建立境外安全预警和处理突发事件应急处置机制。

第四节　中小微企业助中国突破
"三期叠加"困境

中国近年来出现的"三期叠加"困境由多种因素造成，其中有必然因素也有偶然因素，有时代的发展需求条件，也有外部严重干扰带来的负面影响。中国经济要成功突破"三期叠加"困境，我认为有两个关键词一定要把握住：一个是"稳定"，另一个是"变化"。

两个看起来相互矛盾的词，在现实发展中却具重要的意义，"稳定"指的是发展的大方向稳定、制度稳定、体制稳定，经济发展保持稳定增长；"变化"指的是政策优化、思维优化、技术优化，以此来应对各种突如其来的不稳定变化。

解决"三期叠加"带来的种种问题，既需要全盘兼顾，也需要逐个击破。**大环境上，"三驾马车"是解决问题的基础，即出口、投资和内需，国家在"三期叠加"造成的困境面前，也在积极通过这"三驾马车"及其他优化工具，努力推动中国经济稳定增长。**

在出口方面，以 2020 年 6 月的国务院常务会议为例，会议确定为帮扶近 2 亿人就业的外贸企业纾困发展，在鼓励企业拓展国际市场同时，支持适销对路的出口产品开拓国内市场。简化内销认证和办税程序；支持电商平台、大型商业企业等开展外贸产品内销活动；鼓励金融机构加大信贷支持和应收账款、存货、订单等质押融资。依托大型电商平台加强对中小微外贸企业直贷业务。

在投资方面，中国既有聚焦国内的投资，也有面向全球的投资。以亚投行为例，亚投行旨在打造成推动全球共同发展的新型多边开发银行。亚投行应该致力于服务所有成员发展需求，提供更多高质量、低成本、可持续的基础设施投资，既要支持传统基础设施，也要支持新型基础设施，为促进亚洲及其他地区经济社会发展提供新动力。国家领导人的讲话，在一定程度上对外界释放出将加大投资力度的信号，而且这种投资是面向全球，与更多志同道合的发展伙伴们顺应世界经济格局演变趋势，共同应对风险挑战。

在内需方面，全国各省市发出的各式各样的购物券，以及一度走红的"地摊经济"，都反映出政府对消费、拉动内需的态度。网红带货、政府推介、脱贫攻坚，各种刺激消费的方式方法花式上演。活跃后的市场，产生了大量订单，这既是消费者的需求，也是经济的发展的需要，这不仅可以增加就业机会，盘活市场资源，还能对经济的稳定增长起到积极的作用。地摊市场就是明显的拉动内需行为。不要认为摆地摊的格局小，每一个出现的地摊都是一个就业机会，一个齐全的地摊市场就能满足人们日常生活的所需。

麻雀虽小，五脏俱全。"地摊经济"严格意义上来说也是小微企业中的一种。你可以称他们为商人，或是产品线的销售终端。与传统的大型企业相比，小微企业更为灵活，虽说创造的经济效益无法与大规模公司相比，但有潜力的小微企业未来也仍有可能成长为行业的一方巨擘。与小微企业相比，中小企业相对能产生更多的效益。我认为，中小企业的重要性已经与日俱增，它们已经成为推动中国国民经济发展、构造市场经济的主体，促进社会稳定的基础力量。

在"三期叠加"时期，中小微企业在确保国民经济适度增长、缓解就业压力、实现科教兴国、优化经济结构等方面，均发挥着越来越重要的作用。因此，保护维护好中小企业的利益，大力扶持各类中小企业发展，是最重要的工作。

自改革开放以来，中小微企业已经成为中国吸纳就业的重要渠道。

其一，一般而言中小企业多为劳动密集型企业，需要大量的人力资源参与企业生产，其对缓解就业难题，对社会稳定、经济发展和改革进程都有积极的意义。

其二，中小微企业在国民经济中所占的重要地位日益突显，庞大的中小企业群体通过自然分工，合作方相互交流融合，形成了合理的产业集群。该格局对提高资源配置起到积极作用，对增强产业的国际竞争力起着基础性的作用。

其三，在"大众创业，万众创新"浪潮的深远影响下，中小微企业吸引到的不仅是更多更年轻的战斗力，还有许多创新的思维、新兴的科技。这类科技型中小微企业有朝一日，将会成为中国经济增长与社会进步的重要动力。

不过，因为恶性市场竞争存在，在一定程度上打击了中国的中小微企业。这是因为中小微企业对市场的变化反应非常敏感，如果相应的经营思路不全面，极有可能在新一轮的浪潮，尤其是恶性搅局的沉浮中不见踪影。如果能提前做好应对，中小微企业在困难来临之时更容易通过调整经营方针、战略等方式摆脱困境，将"危机"中的"危险"变为"机遇"。

驱动"三驾马车"也好，保住中小微企业也好，两者之间不存在矛盾。中小微企业的发展，早已覆盖了出口、投资和内需，而出口、投资和内需还需要中小微企业优化结构，通过一系列变革以推动中国经济稳定向前发展。

第五节　中国新家族企业的打造

与知名、成功的家族企业相比，中国家族企业有如下三大特点。

第一，发展还不够充分、底蕴不足。

第二，家族企业短板多，在竞争中多数企业处于劣势状态。很多家族企业在乎眼前的利益，对未来的发展多考虑不充分，而发展态势向好的知名家族企业则是在动态布局未来发展状况的前提下，追求眼下利益的最大化。

第三，中国家族企业喜欢抓细节，权力紧抓在手中很少下放。外国知名、成功家族企业则注重全局，能够根据实际情况大胆放权，或是愿意高薪聘请职业经理人打理家族业务。

当前，中国的新家族企业尚需做好三方面的工作。一

是，要建立家族发展的长远规划。二是，要建立浓郁的家族文化和家庭纪律、家庭规矩。三是，要培养强大的家族人才。

当然，以上三点同样适用于中国普通企业的发展，即要建立企业中长期战略目标，要打造出色的企业文化，引进或培养优秀的管理人才，从多维度满足企业的发展。换言之，家族企业要立足现实发展，而不能好高骛远。同时更需要实事求是，不能朝令夕改；还要团结家族成员，通过建立家族法则或者公约，防止家族内部出现矛盾或者分裂，做到同进退；最后则是加快培养优秀家族人才的步伐，进一步推动家族向好发展。

多年以来，我也和一些做得较为成功的家族企业有过接触，发现不少二代接班人的表现非常优秀，企业未来十分可期。

但是，二代接班人也会面临很大的问题，那就是难以复刻初代创始人白手起家的过程，或是缺少从无到有创建企业的经历。 因为所处的时代背景不同，很多接班人因巨大的财富限制了自己对贫穷的认知，也限制了他们应对困难和挫折的思考能力。

　　国内外有些电影也反映了这类事情，为了激发下一代接班人能接管家族企业，企业家假装失去企业控制权，让接班人从头开始管理公司；有的则是假装企业被收购、被破产、被夺走，让接班人能够奋发图强，白手起家创设一家新公司，毕竟没有白手起家的经历，将会为守业埋下隐患。

第六节　持续创新和忧患意识塑造世界强企

　　任正非在 2022 年提到，全球经济面临着衰退、消费能力下降的困境，华为应改变思路和经营方针，从追求规模转向追求利润和现金流，保证度过未来三年的危机。华为要缩短"战线"，集中兵力打"歼灭战"，提升盈利。

　　回首再看，任正非在 2022 年早已意识到危机即将来临，但是，华为公司真的如他说的这么难吗？**我认为，为了活下去，度过即将到来的寒冬，华为收缩"战线"、裁员等或都是未来的必选项之一，这说明华为真的很难！**

　　受三年新冠疫情、外部经济形势不佳等因素长期影响，全球经济增长已经受到严重拖累，预计未来多年都不可能很快有所好转。在这样一个充满挑战和痛苦的特殊时期，任正非此番感悟并非杞人忧天，而是未雨绸缪，这在一定程度上意味着华为面临的前景不容乐观。"只有活下去，度过寒冬"，华为将来才有希望，才能够走得更远。

与此同时，我还观察到，华为 2022 年上半年营收和净利润都出现了大幅下滑。2022 年 8 月，华为在官网发布了 2022 年上半年经营业绩，期内公司实现销售收入 3016 亿元，净利润率 5.0%。以此计算，华为当年上半年净利润约为 150.8 亿元。对比 2021 年数据，2022 年上半年营收同比下降了 5.9%，净利润率下滑 4.8 个百分点。显而易见，此时华为的净利润率已同比腰斩。这不难让人联想到，资本市场上另外一家高喊"活下去"的大企业万科的境遇。2018 年，万科董事长郁亮高喊"活下去"，仅过了三年，万科 2021 年净利润便降了近 50%。

对于具体的业务板块，任正非表示，华为云计算要踏踏实实以支撑华为业务发展为主，走支持产业互联网的道路。对此，当时我的理解是，之前华为最赚钱的智能手机业务销售放缓，承压较为严重，已经难以支撑整个集团庞大的研发支出。在此背景下，华为云计算业务将会成为公司的"顶梁柱"。

随着中国产业互联网向更纵深领域融合发展，大量设备"入网上云"，云计算等新兴业务发展迅猛。在此背景下，以华为云计算为代表的新兴势力，正在猛烈冲击着阿里云、腾讯云等互联网云计算大厂，在市场上斩获许多大单。来自该项技术的收益已经成为公司的主要利润来源之一。我认为，**"华为云"走支持产业互联网的道路是对的，也是在当年全球经济大形势下的必然选择。**

同时，任正非还提到，未来几年内不能产生价值和利润的业务应该缩减或关闭，把人力物力集中到主航道来，要把边缘业务从战略核心里抽出来。究竟哪些属于华为的边缘业务？任正非并未点名，但我认为那些与华为核心业务无关的产品几乎都属于边缘业务，例如打印机、智能穿戴和智能家居等。事实上，华为当初发展部分边缘业务的目的，也是为了应对将来发展面临的诸多不确定性。但是由于这些边缘业务尚处于发展的初期，还未实现大幅赢利，还难以成为公司的"现金牛"业务，及时砍掉它们有助于减少成本轻装上阵，更好地聚焦核心。

我观察到，华为旗下各大公司围绕云计算、元宇宙等领域在进行广泛并购，需要大量的资金支持。2022年以来，华为加大了在国内债券市场的融资力度。此举就是华为在为未来做准备，以应对外部市场发展环境的不确定性，进一步提升公司的抗风险能力。

众所周知，华为的持续创新能力以及忧患意识都很强。我认为，在困难时期内，其减少负债只是目的之一，最终目的还是为了让华为更有质量地"活下去"。**对于这样一家大企业而言，即使有创始人任正非强有力的领导，想在短时间内改变思路和经营方针也并非易事，唯有持续创新。**一家企业业务转型及发展并非一蹴而就的事情，而是需要循序渐进、破立并举，等待"黎明后的重生"。

第五章

科技创新的内在激励

第一节　政策加码促中国金融转型

2023 年 10 月，中央金融工作会议在北京举行。会议提出要做好科技金融、绿色金融、普惠金融、养老金融、数字金融五篇大文章。此举意义重大、影响深远。一方面有助于推动中国金融实现高质量发展，另一方面有助于中国经济发展行稳致远。当前，高质量发展已是全面建设社会主义现代化国家的首要任务，金融尤其要为经济社会发展提供高质量服务。

长期以来，以银行为代表的金融机构，已经习惯于依托地产等抵押物向相关企业放贷并收取固定利息，且稳定的赢利模式已经形成。与此同时，**随着经济不断向前发展，这种模式的弊端和面临的挑战也日益凸显**。由此可见，传统金融向新金融转变已是势在必行，也是新时代不可阻挡的一大趋势。

特别是，随着互联网经济的飞速发展，传统金融正面临着巨大的挑战。当前，传统金融向新金融方式转变，正呈现加速之势。一方面，因为新金融更加灵活，传统金融若不转变，就难以跟上新金融快速发展的步伐；另一方面，新金融也是在科技发展潮流催生之下的必然结果，相对于传统金融，新金融更能帮助金融机构发现隐藏在庞大数据中最有价值的金融信息，而这则直接关系到金融机构的核心竞争力。

在五篇大文章中，"科技金融"摆在了首要的位置上，此举有重要含义。一方面，强调要增加金融的科技含金量；另一方面，体现了将来金融资源倾斜的领域，明确了金融机构发力的主要方向。我认为，在中央金融工作会议精神的指引下，我国广大金融机构应持续加码科技金融发展，推动信贷资源投向科技创新关键领域，以高质量金融服务助力中国经济稳健发展。

事实上，在接受新闻媒体采访时，我也认为，对于以上"五大"新金融方面，"科技金融"地位或最为重要，也最为突出，"养老金融"则最为迫切。这是因为前者直接覆盖了公共金融与市场金融的各个方面，它既能够发挥出"看得见的手"的引导作用，又能够发挥"看不见的手"的市场作用，影响广泛而深远。后者则随着我国人口老龄化的不断加剧而日益凸显，已经成为当前社会关注的焦点。特别在应对人口老龄化已经上升为国家战略的背景下，发展好养老金融变得更加迫切。

具体来看，养老金融主要包括养老金金融、养老服务金融以及养老产业金融等几大部分。当前，金融服务个人养老和养老产业的重要性日益显现。未来，养老金融亦将逐渐成为老龄化社会最为重要的金融服务内容之一，同时也是现代社会的核心组成部分之一。

银行等传统金融机构作为金融系统中的关键主体，承担着提供优质、多元养老金融产品和服务的功能，其在不断满足老年用户资金保值增值需求的同时，也在不断地延伸养老金融的内涵。**在各大金融机构争相发力做好"五篇大文章"的背景下，可以预见，未来中国养老金融市场充满了巨大的发展空间。**

那么，金融机构应该如何做好"五篇大文章"、服务实体经济"更上一层楼"呢？我认为，"五大"新金融的工作，对于银行来说既是历史机遇，也有诸多阻碍因素。比如抵押物不足导致信贷风险高等。因为如果没有抵押物，金融机构的信贷风险系数就会很高。短期内，要想解决这些阻碍因素并非易事，银行等传统金融机构从理念、业务、架构和风险管控模式等方面进行深度创新改革可能极其必要，以此适应新金融的工作要求。

当前，我国经济发展正处在高质量发展的关键时期，发展壮大科技金融、绿色金融、普惠金融、养老金融、数字金融这"五篇大文章"，亦是推动新金融高质量发展的必然要求。展望未来，"五大"新金融对于中国经济的转型发展，或具有两大方面的重大意义。第一，有助于培育出更多的新动能和新产业，进而进一步加快中国经济的转型发展进程。第二，有助于接下来中国经济的转型发展更有底气、更加具有韧性，进而能推动中国经济在更高质量的发展轨道上稳步前行。

第二节 数字人民币横空出世，补充完善中国货币结构

2020 年年末，在数字人民币的一次试点中，我的一位深圳朋友有幸"中签"。他趁着周末在深圳市罗湖区超市里采购一通后轻松支付，事后他给出了一个好评。汇总当年媒体报道的各种消息，数字人民币的该次试点效果非常好，这无疑也是一件好事。

对于普通消费者而言，推出数字人民币的主要意义还是方便快捷。与移动支付诞生前相比，消费者只用拿出装有相关 APP 的移动端，收款方不用担心收到假钞，也不会烦恼复杂的找零，人们的交易变得更加简单，同时效率提升、成本降低等诸多好处也相伴而生。

不过相比微信和支付宝，数字人民币还缺少一定的"群众基础"，很多人已经习惯使用前两种第三方支付工具，这种无现金支付的便捷性，令许多人感觉第三方支付就是数字货币。实际上，尽管第三方支付能够帮助买卖双方实现交易，但其所做的事情是代为行使货币"职权"，其本身并非有法律效用的货币。

通俗来讲，第三方支付就是将真实的货币纳为己有，以虚拟货币的方式推动圈内交易。换种说法，第三方支付就是一种"会员卡"，消费者将资金"充值"后，可以将这张"卡"作为凭证于授权店中消费。在消费过程中，消费者虽然有支付行为，但没有真实支付，因为消费者早已支付给了第三方平台；商家也没有在这一过程中收到资金，这些资金还都存在于第三方支付的"库"中，只有当商家申请结算、提现时，第三方支付才会给出商家应得的款项。套入现实场景，这就像大学生把钱充入饭卡，然后到学校不同餐厅不同窗口打饭，最后财务根据各餐厅的销售数据，将对应的钱款转到餐厅账户上。

也就是说，使用第三方支付，商家完成收款但钱拿不到手上，这放在互联网出现前恐怕没有多少人能接受。基于对第三方支付的信任，商家如今都很乐意把钱先放在平台上。

或许也正是因为对其的信任，有些投资者钱取不出时，甚至都还意识不到自己已经被骗的事实。

数字人民币就没有这种弊端，收款即可完成当笔的结算。这就如同曾经的 POS 机一样。消费者在刷卡之后，银行卡就会收到款项，向第三方支付申请提现的动作就无必要了。而且，数字人民币可以帮助普通商家"省钱"。无论是较早前流行的刷卡 POS 机，还是风靡一时的微信、支付宝支付，商家需要交纳一笔看似很少，但会积少成多的手续费或提现费。虽然只是千分之六或是更少，但是这个钱白白被收走多少都有些可惜。

宏观来看，数字人民币在维护国家金融稳定方面有重要的意义。数字人民币与纸质人民币一样，是流通中的现金即 M0。在第三方支付平台中，交易虽然不断发生，但资金或躺在平台中，或被平台用于其他投资或放贷业务，这就属于 M1 或 M2。需要指出的是，中国 M1 和 M2 的电子化已经非常成熟，电子化的 M0 将成为新的补充。其既具有法定货币的效力，又拥有货币的支付功能，还有助于完善互联网时代中的货币结构。对诸如比特币、区块链、虚拟货币等风靡所产生的风险和隐患，数字人民币的诞生将维护人民币作为法定货币的地位，防止其他支付方式和虚拟货币影响国内的金融交易秩序，确保人民币的稳定及正常使用。

未来，随着数字人民币的广泛使用，其还能在反腐败、反贪污、反洗钱方面发挥作用。通过监测可以追溯的数字人民币，监管部门可以观察到资金的流向。例如建设资金是否流入了某些滥用职权之人的腰包，补贴是否一分不差发到基层老百姓手中，商业收益的资金是否真正来自消费者而非利益关联者。相信，数字人民币在被正式使用后，还能给社会带来更多的惊喜。

由于微信、支付宝率先在电子支付市场占据主动地位，数字人民币在电子支付领域还需和第三方支付进行一场竞争。与传统第三方支付不同，数字人民币的能力很强大，其双离线支付可在网络信号不佳场所实现交易，没有电子移动端的人可以选择 IC 卡、功能机或者其他的硬件交易，多重场景都能得到满足。当然，不同支付方式有着不同优势，最终的选择权还是在消费者手中。数字人民币的发行，不意味纸质人民币就此落幕。我认为，实物和电子化货币的共存，有助于实现人民币法定效用最大化，此举能够切实保障国家货币安全，为经济稳定发展服务。

第三节 科技赋能大湾区，促金融服务提质增效

　　2021 年，我受主办单位广东省委网信办、广东省委统战部、香港中联办、澳门中联办等方面的邀请，赴广州、珠海和澳门参加"同心逐梦大湾区"网络名人湾区行主题采风活动。通过对湾区的实地考察调研，我认为在金融科技的加持下，大湾区在互联互通、创新发展，以及要素融合等方面有望再进阶，继而成为中国经济发展重要引擎。

　　自 2021 年以来，世界经济处于低迷之中，唯独中国经济整体表现"可圈可点"。比如，2021 年 11 月 10 日闭幕的第四届进博会，按一年计意向成交金额 707.2 亿美元。这如同在告诉世界：中国人在境外商品的"买买买"方面似乎

"不差钱"。这也释放一个信号，即在当时出口贸易遇阻的情况下，加强与中国的贸易往来、与中国一起搭建"国际大循环"，是绝佳的历史机遇。随着中国进一步深化改革开放，越来越多的区域获得部分发展特权，这里就包括粤港澳大湾区。在现代产业发展迎来大好机遇的同时，我们需要充分意识到，不仅境外人士，还有许多境内企业、投资人都正在奔向粤港澳大湾区。这是因为这片土地在政策、产业、发展等方面具有独特优势，也就是这块地方有很多机会能够实现大发展。

相对应的，金融科技要服务好大湾区相关产业，就必须"吃透"湾区经济内的金融制度和相关要求，在框架限制范围内大胆创新；同时必须深入研究政府对湾区内各产业制定的政策、优惠条件以及扶持方式。只有这样，它才能更好地为大湾区内的产业、企业提供有针对性的金融服务。简单来看，金融科技需要结合市场变化和政策导向，通过大数据金融、人工智能金融、区块链金融、量化投资金融等常规服务和前沿领域金融科技，积极响应市场需求，提供如跨境货币结算、人民币或港币跨境使用、外汇管理、证券投资交易、商业投资、企业财务及税务等一系列服务，加强金融业对实体经济的资源优化，进一步推动实体产业、服务业高质量发展。

由于地理位置以及区域组成的特殊性，大湾区的金融发展更需要接地气，不仅科技金融本身需要优化与创新，各地政府的配合以及区域内产业的互通互联也非常必要，只有如此科技金融才能更好服务金融业、服务业等相关产业。 粤港澳大湾区的金融服务需要打通内地与香港、澳门之间的金融贸易往来，有利于境内外各产业人群以便捷的金融通道完成一系列交易，从而精简流程、节省时间成本。

总体而言，推动粤港澳大湾区高质量发展，需要从以下六个方面着力。

一是推进科技金融机构"一卡通"。这里的"一卡通"是指相关金融企业获得由粤港澳共同制定标准下的牌照，凭此牌照能够在广东、香港、澳门成立分支机构，不需要再经过层层政策审批，这也将便于境内外的金融互联互通。

二是引入优质的天使投资、创投、风投机构。通过可靠的投资机构，创业人群被鼓励在大湾区"掘金"，在其范围内投资机构还帮助高新科技产业或是新兴产业解决融资难的问题。政府出面引导投资机构成立初创、并购、发展等不同类型投资基金，旨在为高潜质企业提供加速和孵化服务。投资机构也需要结合实际积极创新，支持资金跨境流动，为跨境公司继续提供金融支持。

三是加强物联网、供应链与科技金融的融合，提升各类服务效率。例如加快物流、贸易的审批速度，缩短通关时间，提高服务效率；根据大数据分析，快速完成企业融资风控并提供相应资金额度；依据消费者情况，提供适当的消费金融服务。

四是积极发挥银行财富管理功能。大量投资资金涌入大湾区，如何管理天量财富、保证货币安全，推动闲置资金保值增值，需要湾区内银行结合自身实际改革创新财富管理业务，丰富产品种类，使财富管理更加专业化、全球化。

五是结合发展实际，用好"试验田"，探索科技金融体系、制度和应用的建设，推动金融服务于各产业和社会民生，提升人民幸福感。

六是结合粤港澳大湾区内城市自身特点，综合发展能力、产业结构、城市优势等方面因素，制订差异化的科技金融服务。例如广州的综合产业、东莞的制造业、深圳的高新科技和软件产业、香港的服务业、澳门的旅游博彩业，在综合发展方面要齐心，在特色发展方面要有特点。科技金融需要抓住重点，做好统筹及配套服务。

需要注意的是，无论科技金融潜力多大，**最为关键的还是湾区内的政府统一共识，三地连线，消除各类障碍、推进互通互联，金融也才有机会为人员、商品、技术在粤港澳之间流动提供相应服务**。这也要求粤港澳大湾区各级政府平常多交流、多走动、多取经，各城市形成合力、拧成一股绳，以更好地服务金融科技稳健发展，并助力金融业、服务业等各业态步入高质量发展的轨道。

第四节　人工智能技术激发中国无限商机

2020 年，欧洲著名经济学家、前汇丰银行集团首席经济学家罗杰·布特尔（Roger Bootle）写了一本关于人工智能（Artificial Intelligence，英文缩写为"AI"）经济方面的书籍，我受邀为他撰写了一篇推荐序。当年，通读完他的书稿，我们发现自己对于 AI 的理解不尽相同，个别之处甚至完全不同。

事实上，对于 AI 的未来前景，即使人工智能专家们之间，也有不同的看法，甚至有天壤之别。由此可见，人工智能的发展将是一个充满挑战的过程。也就是说，技术的发展速度超乎人们的想象，不管是谁，要想准确地预测人工智能的未来都是不现实的。实际上，AI 已经拥有了不可预测的能力，因此暂停大型 AI 的研究已变得十分必要**。若不加以控制，随着时间的推移，AI 将会具备建立自己目标的能力，毁灭整个人类社会只是时间的问题。

不过我认为，人工智能并非是万能的，比如向 ChatGPT 等人工智能提出有关哥德巴赫猜想和黎曼假设的问题，它们会以幽默、优雅的方式回复你，但却不会有明确的答案。**毕竟，人工智能的思考是基于已有事物的思考，它们的确会有很多创新、创作，甚至也有推理、观察、分析的能力，但它们的强大在于善于借鉴，它们弱点在于缺少生动的实践。**不过，若是某人能证明一道世界未解之谜，相信过不了多久，人们就能够通过人工智能获取证明的方法，毕竟只要能够通过互联网搜索到的内容，人工智能都能快速"学习"，并将其转化成它们的答案。

然而，未来人类的很多工作岗位将被人工智能所取代，亦并非是天方夜谭。某些行业内的"失业"则是一种必然，不只是作家、会计师、媒体和教育工作者、建筑师和客服、软件工程师等，只要是和图像、文字相关的"知识工作者"，他们的工作都有可能会被人工智能所替代。又如企业行政，文件收发、资料归档、会议记录、现场翻译之类的工作，人工智能几乎都能够瞬间"搞定";再比如为服装网店模特配图，AI作画的速度远远超过传统方法，这是日薪不菲的模特和美工在价格、效果、用时等方面都无法比肩的。

　　需要着重指出的是，人工智能的产生自然不是为了要让某些人类失业，而是为了让人们生活更加精彩和有质量。就中国人工智能的整体发展而言，我认为，将人工智能融入制造业是迫切需要的。特别在"中国制造2025"发展战略、"工业4.0"大背景之下，智能智造、万物互联互通，将有利推动产业研发、生产、运营、营销和管理。

　　尽管中国人工智能发展向好，但与海外同行相比还有不小差距，特别是人工智能在生产生活中的应用还没有真正落地。一方面，这与中国人工智能发展水平不足、缺少领先的核心技术等因素有关。另一方面，中国人工智能人才培养还需要加强力度，不能只依靠自身经验"摸着石头过河"。因此，人工智能技术和应用蕴含着巨大的市场前景、商机、信息和资源，若利用得当，它完全能够为中国企业带来更多的价值。

第五节　期待国产 ChatGPT 领跑世界

　　功能强大的 AI 语言模型 ChatGPT 于 2023 年年初再次出圈，这引起全球学术界和产业界的关注和热议，相关 ChatGPT 概念当时在资本市场亦被彻底引爆。在 ChatGPT 持续火爆背景下，A 股中有关 ChatGPT 概念股最先受益，盘中纷纷大涨，由此可见资本市场对该概念股的钟爱，这也从侧面反映出市场对"国产 ChatGPT"寄予的深切厚望。但是，为什么 ChatGPT 这样的 AI 工具最先不是由中国创造出来的？一些相关人士也在思考这样的问题。

　　ChatGPT 是美国人工智能实验室 OpenAI 推出的人机对话模型。自 2022 年 12 月推出之后，其就在测试中表现出各种惊人能量，比如写代码、写剧本、流畅对答、辩证分析问题、纠错等。它甚至令新闻媒体记者编辑、科技公司程序员都深感恐慌。其将取代谷歌搜索引擎之说更是风起云涌。可见 ChatGPT 蕴藏着巨大的市场潜力，这点已经逐渐被市场所认同。未来，传统的职业分类可能会因此而被改变，其替代一些传统的工作岗位已经成为现实。

ChatGPT 可能会对哪些行业造成影响？媒体、教育和客服行业可能首当其冲。虽然 ChatGPT 在短期内可能还无法满足在特定场景下的新闻写作需求，但是它的深加工能力仍然不容小觑，AI 新闻时代可能真的要到来了。对于教育行业来说，ChatGPT 可以提高及改善学生的学习效率和体验，甚至还会逐渐取代传统的学校。例如，ChatGPT 可以帮助实现学生自动作业批改、考试和打分，还可以改变传统的课堂教学模式。对于客服行业来说，它可以流畅地处理客户询问，提供更好的客户体验等。

不过，根据我的使用体会和研究观察，声名在外的 ChatGPT 虽然较为成功，但是它却并不完全适合中国的用户。一方面，是其费用高昂，例如 ChatGPT 单次训练费用大约 1 亿元。这一数额即使一些大型企业也难以承受，中小企业更是基本与其无缘。另一方面，其抓取的中文网络文本内容并不很丰富，训练程度抑或存在局限性，在其对外输出的时候，误导用户的风险会在一定程度上出现。当你问 ChatGPT 一个诗情画意的问题时，它可能会输出大量流畅的无关信息，而不是触及问题的根本，诸如"落霞与孤鹜齐飞，秋水共长天一色"这样的精妙画意之句尚难以生成。也就是说，ChatGPT 严重依赖于有限的中文语料库，理解能力存在一些先天性不足，在一些核心理论问题上难有大的突破。

未来，国产的 AI 产品预计能够在一定程度上弥补 ChatGPT 的不足之处。"国产 AI"根植于悠远深邃、博大精深的中国文化，这也是其在中文领域最大的竞争优势。

首先，中国有用之不竭的"工程师红利"，他们可以更有效地对中文文本内容进行高质量的训练，构建起更庞大的数据模型，再加上日益增加的算力资源，中国 AI 将来或会实现一个令人惊叹的飞跃。其次，中国还有体制上的优势，众志成城、团结一心，集中力量办大事，这亦是成就中国 AI 事业的一项重要"法宝"。最后，"国产 AI"争先恐后面向公众开放，或会进一步推动中国加速整合国内有效数据资源的训练，并进一步夯实各地的算力基础设施，以在将来激烈的市场竞争中谋求更大的优势。

　　需要指出的是，在 AI 技术发展的初期阶段，中国可能会遇到各种各样的难题。例如，AI 商业化落地不及预期，AI 引发的各种法律与伦理问题，以及 AI 导致的行业竞争加剧等风险问题。相信在各大中国 AI 公司的不懈努力和推动之下，这些问题都将逐个被突破，从而开启一个属于中国的新时代。期待中国 AI 产业抓住这一次自我超越的机会，让中国 AI 领跑世界。

第六章

波澜壮阔的光明前景

第一节 中国式现代化为人类共同富裕提供澎湃动力

现代化的定义是什么？如何实现现代化？对于不同国家和地区而言，其答案是不一样的。执政党的宗旨、服务对象、理念等方面的差异，使得各地的经济发展也具有一定的特殊性。譬如有些国家看起来经济向好，但其贫富差距极大，绝大部分财富被极少数人掌握；有些国家虽然看起来经济薄弱，但贫富差距较小、生活压力小，人们普遍幸福。由于政体不同、社会性质不同，中国如果按照发达国家、西方国家现代化的路径"依葫芦画瓢"，必然又会走大量的弯路。实现现代化，我们必须结合自身实际走适合自己的道路，也就是中国式现代化。

　　中国式现代化是中国共产党领导的社会主义现代化，能像中国共产党这样，以人民为中心，把全心全意为人民服务作为宗旨的执政党在全世界寥寥无几，因此中国的发展经验、成功经验在全球一部分国家和地区可能难以完全被复制。持续推进中国式现代化，坚持和加强党的全面领导是根本保证，中国式现代化坚持以人民为中心的发展思想，统筹推进经济建设、政治建设、文化建设、社会建设、生态文明建设，推动新型工业化、信息化、城镇化、农业现代化同步发展，推动物质文明、政治文明、精神文明、社会文明、生态文明协调发展；通过推动经济发展质量变革、效率变革、动力变革等举措解决发展不平衡、不协调、不可持续等问题，进而有助实现高质量发展。

　　为实现高质量发展，增长和分配关系需要得到正确处理，以实现共同富裕。什么是共同富裕？共同富裕不是人人都有钱，也不是将那些富豪们的财产平摊到所有人的手中。在以前的扶贫工作中，困难户曾指责有些干部不懂扶贫，他们认为教技术、教方法、找渠道等措施，还不如直接发钱富得快。这种情况在国外也普遍存在，因为贫富差距大，低收入人群从不认为收入低是因为自己好吃懒做，而认为这是因为社会不公平，等着政府的每月接济款度日。

共同富裕不是所有人都有钱，而是所有人都有公平的机会，并通过劳动换取报酬，实现多劳多得。中国实行的就是以公有制为主体，多种所有制经济共同发展的所有制形式。该制度坚持以按劳分配为主体、多种分配方式并存。一方面通过坚持社会主义制度，机会公平得到促进。另一方面解放和发展生产力，勤劳致富积极性得以调动。通过这种体制，中国在改革开放后迎来了飞速发展，创造了诸多奇迹。因此先富带动后富，指的不是将先富起来者的财产直接转移给未富之人，而是传授成熟的经验、创造新的机会、引导更多劳动者参与奋斗，实现共同富裕。

2023 年 3 月，国家领导人在中国共产党与世界政党高层对话会上的主旨讲话时指出，"人类是一个一荣俱荣、一损俱损的命运共同体。任何国家追求现代化，都应该秉持团结合作、共同发展的理念，走共建共享共赢之路"。但是，要真正实现现代化，不仅要国内做到共同富裕，还要帮助世界上的贫穷国家奔向共同富裕。为做到这一点，中国要在取得已有发展成就基础上与世界分享中国式现代化的成功经验。

总体而言，"发展""奋斗""开放"六个字是中国式现代

化的精髓，这同时也展现了现代化的另一幅图景，为那些正在致力于努力实现现代化的发展中国家探索出了一条全新的发展道路。

中国式现代化是"发展"的现代化。具体来看有三大明显的特征。首先是我们坚持科技是第一生产力、人才是第一资源、创新是第一动力，持续提升科技、提高生产力，优化生产效率、提升产品质量。其次是持续培养和引入人才，实施"人才强国战略"，提升人才优势。最后是持续实施创新驱动发展战略，加快关键核心技术自主创新力度，面对各种风险调整都能迎难而上、并能够最终化解各类难题并取得好成绩。

中国式现代化也是"奋斗"的现代化。在全国人民的共同奋斗下，中国综合国力近年来不断提升，国际话语权不断加强，国际地位得到世界各国的尊重。中国经济的高质量发展、逐渐复苏的国内市场映照出中国经济已经回归正轨，中国将继续为世界经济的稳定、下一步的发展做好准备。

中国式现代化更是"开放"的现代化。近年来，随着结构性供给侧改革、国内国际双循环等重点工作的推进，有效提高中国社会生产力，充分激发市场主体活力，拉动中国消费内需，使中国在世界经济还处于低迷环境下实现逆势上行。市场逐渐复苏、国内消费旺盛、进出口规模不断增加等，都为世界创造诸多发展机会，比如，就业机会、产业机会和战略机会，其相互叠加将助力共同富裕在世界版图上"开花结果"。

第二节　稳健发展推动中国经济行稳致远

中国经济为什么越来越强劲？这可从近年来中央经济工作会议上释放的信号中找到答案。着眼未来发展，中国经济还是应"稳"字当头，以稳促进，以进固稳，让稳的基础更加牢固，"进"的信心才能更足。

经济观察人士大概都会注意到，每年年末的中央经济工作会议，都能令人们的精气神为之振奋。

长期以来，无论是发展经济还是推动贸易，中国都以"稳"作为实现目标的途径。这种稳可以视为谨慎，也可以作为精心谋划与布局，最终推动落实到位。近年来的中央经济会议透露出来的信息更是要求"稳字"当头、稳中求进。简言之，全国各地区各部门要积极地担负起稳定宏观经济的责任，各方面要积极推出有利于经济稳定的政策，政策发力适当靠前。

由此可见，"稳"的重要性。**从整体来看，在当前以及较长一段时间内发展阶段中，中国要实现政策稳、秩序稳、经济稳、产业稳、科技稳、民生稳等一系列目标。**

政策稳，指的是政策不宜大起大落，在得到前期政策支撑的背景下，加大在新形势下对各类产业的扶持力度。例如为促进中国经济高质量发展，国家还将继续实施积极的财政政策和稳健的货币政策，一方面使得市场资金流动性处于适当的状态中，另一方面通过多种形式进一步化解企业融资难的问题。

秩序稳，指的是无论金融秩序、产业秩序还是社会秩序，都能够按照既定的规则完成相应要求。例如在经济秩序方面，通过适当合理的投资推动基础设施建设，继续为未来的发展打好基础，同时维护市场的公平正义，为各产业的发展、生产、经营等环节创造优质环境。

经济稳，指的是资本市场、外汇等方面总体保持相对较稳的趋势，以避免出现大幅度的波动影响到市场信心；或如在国内经济循环方面，较为完善的交易链条和网络逐步形成，以使货币流通、金融交易更为顺畅。

产业稳，指的是继续加大对实体产业的重视，中国已经高度关注并将持续关注新兴产业的发展，通过利用新兴产业的潜在能量，为中国后期的科技发展积蓄动能。同时，积极推进普通产业和夕阳行业的发展，指引夕阳产业实现转型或产业升级，促进普通产业创新驱动。

民生稳，指的是增强老百姓的幸福感，这可以有很多解释，例如幼有所育、学有所教、劳有所得、病有所医、老有所养、住有所居、弱有所扶的"民生七有"，例如可支配收入进一步增加、夫妻生育三胎的成本由社会承担一部分等。

整体来看，"稳"承载着中国再一次实现由量变到质变突破的重任，就当前的环境而言，中国经济还将面临各种困难，这些问题需要以宏观统筹、全面治理的方式得到解决。我的建议如下：

一是继续鼓励科技人才创新创业。同时，鼓励高技术团队专攻各领域高精尖技术，争取培育出一批"专精特新"企业，依靠这些企业和产品增强中国综合科技水平，推动科技事业不断更新迭代，研发创造出有价值、有意义的科技产品。

二是优化产业资源分配。我观察到，中国地域发展失衡问题普遍存在，例如西部发展资源和机会不如东部，小城市人才引进力度不如大城市的引进力度大，相关福利也比较少等。因此，各区域发展要得到统筹协调，促进各地均衡发展。

三是时刻防范系统性风险。当前，对经济发展造成负面影响的风险因素较多，例如大型企业较高的负债率会引致的连带风险、产业技术与时代发展需求不匹配风险等。

四是强化产业融合与创新。随着相关制度的持续收紧，未来更新的房地产管控制度还可能被出台，房地产企业的利润空间也将进一步被压缩。创造更多盈利点或可持续收入是房地产商必须思考的问题，高附加值、服务于社会民生的产品将具备更持续的生命力。

五是增强老百姓幸福感。近年来，得益于国家和各地的各项制度改革，多个城市的房地产价格得到有效控制，但相对于购房者的收入水平，房价依旧偏高，购房人群尤其是青年人的资金压力依然较大。未来应合理布局公租、廉租房，为老百姓解决居住问题。

展望未来，稳定、开放、繁荣发展的中国，将会为全球经济发展注入澎湃动能。

致谢

二十年来，在进行经济研究的过程中，我的心中积累了许多感激之情。为本书提出许多中肯的意见和建议，提供启发或无私帮助的专家和编辑，我非常感激，由于篇幅有限，在此处没有写出他们的姓名，表示深深的歉意。

我还要感谢我的家人的支持。我时常要外出调研，一走就是数天或者数周，聚少离多，根本没有时间陪伴他们。特别是我的大儿子宋昊然，他的一生只有短暂的十二载，酷爱骑行、军事和绘画。他的成长过程，正是我的事业上升期，我平日里抽不出来时间跟他一块玩耍、欣赏他的得意之作、帮助他缓解课业上的压力。孩子最后带着失望离开人世间，是我一生之痛，令我此生难以原谅自己。唯有坚持记录和回忆，才能延长他在人间的生命，再续父子情。

宋清辉